职业教育课程改革创新示范精品教材

前厅服务实训

主　编　刘爱华

副主编　刘　盛

编　委　赵丽宏　李　洋
　　　　蔡元姬　纪聪聪　包参丹

北京理工大学出版社
BEIJING INSTITUTE OF TECHNOLOGY PRESS

内 容 简 介

本教材包括前厅部概述、客房预订、礼宾服务、接待服务、问询服务、收银服务、服务中心、商务中心服务、"金钥匙"服务、客房销售。主体部分包括教学目标、教学重难点、教学准备、教学过程（热身游戏、知识储备、岗位要求）；项目拓展包括复习旧知、课后实践、书写作业。课前热身互动游戏，可以使学生在课前点燃热情，激发学习的积极性；课程前后有练习题的训练，可帮助学生巩固所学知识，而教材配套的课件则可以辅助教学的开展。本教材可供中等职业学校旅游专业学生、有意愿掌握酒店前厅部技能的社会人员、酒店前厅部工作人员学习和使用。

版权专有　侵权必究

图书在版编目（CIP）数据

前厅服务实训 / 刘爱华主编 . -- 北京：北京理工大学出版社，2023.8
ISBN 978-7-5763-2707-6

Ⅰ. ①前… Ⅱ. ①刘… Ⅲ. ①饭店—商业服务—中等专业学校—教材 Ⅳ. ① F719.2

中国国家版本馆 CIP 数据核字 (2023) 第 147487 号

责任编辑：王晓莉　　　　**文案编辑**：王晓莉
责任校对：周瑞红　　　　**文案编辑**：边心超

出版发行 / 北京理工大学出版社有限责任公司
社　　址 / 北京市丰台区四合庄路 6 号
邮　　编 / 100070
电　　话 /（010）68914026（教材售后服务热线）
　　　　　　（010）68944437（课件资源服务热线）
网　　址 / http://www.bitpress.com.cn

版 印 次 / 2023 年 8 月第 1 版第 1 次印刷
印　　刷 / 定州市新华印刷有限公司
开　　本 / 889 mm × 1194 mm　1/16
印　　张 / 10.5
字　　数 / 196 千字
定　　价 / 34.00 元

图书出现印装质量问题，请拨打售后服务热线，负责调换

前 言

本教材是为高星级酒店前厅部服务工作任务而编写的，在以前教材的基础上有了一些改变，主要特点是突出酒店实际工作岗位特点，加强学生实际工作能力训练，强化酒店服务意识、责任意识，真正做到校企无缝对接。在每一个工作项目中渗透着酒店服务意识、责任意识，有助于培养有职业规划、有劳动精神、有工匠精神的酒店从业工作者。

二十大报告中提到，要全面贯彻党的教育方针，落实立德树人根本任务，培养德智体美劳全面发展的社会主义建设者和接班人。要推进职普融通、产教融合，培养造就大批德才兼备的高素质人才，争取出现更多大国工匠、高技能人才。本教材为产教融合、培养高技能高素质人才打下了结实的基础，在指导性学习、工作岗位式学习方面提供了最好的帮助。同时，本教材既是教材、教案，也是课程设计，从内容上来讲更重视学生学的环节。为了促成更好、更有效地学习，要坚持以学生为主体、以任务为导向，按照理实一体化的教学模式编排内容。在此基础上，编者总结多年的工作经验和教学经验，促成了教材的完善和实用。本教材具有以下特点：

1. 全面反映新时代教学改革成果

教材以《教育部关于职业院校专业人才培养方案制定与实施工作的指导意见》（教职成〔2019〕13号）、《教育部关于印发〈职业院校教材管理办法〉的通知》（教职成〔2019〕3号）为指导，以最新酒店服务管理准则、前厅服务标准为依据，以课程建设为依托，全面反映新时代产教融合、校企合作、创新创业教育、工作室教学、现代学徒制和教育信息化等方面的教学改革成果，以培养职业能力为主线，将探究学习、与人交流、与人合作、解决问题、创新能力的培养贯穿始终，充分适应不断创新与发展的工学结合、工学交替、教学做合一的模式，以及项目教学、任务驱动、案例教学、现场教学和顶岗实习等"理实一体化"教学组织与实施形式。

2. 以"做"为中心的"教学做合一"教材

教材按照"以学生为中心、学习成果为导向、促进自主学习"的思路进行开发设计，弱化"教学材料"的特征，强化"学习资料"的功能，将"以各行业酒店服务岗位任职要求、职业标准、工作过程或产品"作为教材主体内容，将相关理论知识点分解到几个工作任务中去。本教材的结构大致为主体部分和项目拓展。主体部分包括教学目标、教学重难点、教学准备、教学过程（热身游戏、知识储备、岗位要求）；项目拓展包括复习旧知、课后实践、书写作业。

3. 课程设计丰富多样，有效完成工作任务

首先，特别加入了课前热身互动游戏，使学生可以更好地掌握知识与技能。其次，课程前后有练习题的训练，有助于学生巩固所学知识，同时可以激发其求知欲。教材配套有课件，教师可以以答题的形式，激发学生的竞争意识，使其达到掌握知识的目的。再次，每个项目都有五个左右的活动设计，学生按小组进行训练，这可以保证每位同学都能够得到实训练习，将学到的知识和技能运用到实际工作中。最后，教材特别设计了"项目拓展"，这就有效地做到了教、学、做、练、固一体化教学。

所谓一体化教学的指导思想是指以国家职业标准为依据，以综合职业能力培养为目标，以典型工作任务为载体，以学生为中心，根据典型工作任务和工作过程设计课程体系和内容，培养学生的综合职业能力。

本书项目二至项目九由刘爱华编写，项目一、项目十由刘盛编写，视频、图片拍摄剪辑由刘盛完成，视频二维码制作由刘宝龙完成。本书在编写过程中得到了秦皇岛香格里拉大酒店、万怡酒店的大力支持。其中蔡元姬、纪聪聪是香格里拉大酒店人力资源总监和前厅部文秘，包参丹是万怡酒店人力资源总监。

编　者

目 录

项目一　前厅部概述…………………………………………………………… 1
　　一、热身游戏 ………………………………………………………………… 2
　　二、知识储备 ………………………………………………………………… 2
　　三、岗位要求 ………………………………………………………………… 11
　　四、项目拓展 ………………………………………………………………… 12

项目二　客房预订……………………………………………………………… 17
　　一、热身游戏 ………………………………………………………………… 18
　　二、知识储备 ………………………………………………………………… 18
　　三、岗位要求 ………………………………………………………………… 27
　　四、项目拓展 ………………………………………………………………… 28

项目三　礼宾服务……………………………………………………………… 33
　　一、热身游戏 ………………………………………………………………… 34
　　二、知识储备 ………………………………………………………………… 34
　　三、岗位要求 ………………………………………………………………… 44
　　四、项目拓展 ………………………………………………………………… 45

项目四　接待服务……………………………………………………………… 49
　　一、热身游戏 ………………………………………………………………… 50
　　二、知识储备 ………………………………………………………………… 50
　　三、岗位要求 ………………………………………………………………… 61
　　四、项目拓展 ………………………………………………………………… 61

项目五　问询服务……………………………………………………………… 65
　　一、热身游戏 ………………………………………………………………… 66
　　二、知识储备 ………………………………………………………………… 66
　　三、岗位要求 ………………………………………………………………… 85
　　四、项目拓展 ………………………………………………………………… 86

项目六 收银服务 ... 91
　　一、热身游戏 ... 92
　　二、知识储备 ... 92
　　三、岗位要求 ... 102
　　四、项目拓展 ... 104

项目七 服务中心 ... 107
　　一、热身游戏 ... 108
　　二、知识储备 ... 108
　　三、岗位要求 ... 115
　　四、项目拓展 ... 116

项目八 商务中心服务 ... 121
　　一、热身游戏 ... 122
　　二、知识储备 ... 122
　　三、岗位要求 ... 130
　　四、项目拓展 ... 131

项目九 "金钥匙"服务 ... 135
　　一、热身游戏 ... 136
　　二、知识储备 ... 136
　　三、岗位要求 ... 143
　　四、项目拓展 ... 144

项目十 客房销售 ... 147
　　一、热身游戏 ... 148
　　二、知识储备 ... 148
　　三、岗位要求 ... 157
　　四、项目拓展 ... 158

项目一　前厅部概述

学习目标

知识与技能目标

1. 熟悉前厅部组织机构，了解前厅部各分支部门的功能。
2. 了解前厅部工作环境与人员职业素养要求。
3. 掌握前厅部各职能部门的工作内容。

情感目标

1. 告知学生要想成为一名优秀的前厅部工作人员，应该怎样做。
2. 引导学生入门，使其能够爱上酒店服务行业、爱上前厅服务工作。

学习重难点

1. 熟悉前厅部组织机构，知道各个机构的联系。
2. 学会前厅部主要设施设备的使用方法，清楚部门的设施设备的作用。

学习准备

1. 多媒体教学系统。
2. 学生统一穿职业装。

学习过程

一、热身游戏

记忆考验：

简述：要记住越来越多的东西，试试自己可不可以。

（1）全部人围成一圈，第一个人开始说："今天我吃了一个ＡＡ。"（ＡＡ为随意食物名。）

（2）第二个人接着说："吃了一个ＡＡ、两个ＢＢ。"（ＢＢ为不同的食物名。）

（3）这样一直传下去，每传一个人都必须重复前面的食物名，另加一个新的食物名。

（4）一直到有人中途说错为止。

二、知识储备

（一）立体认知

（1）当你进入酒店时，最先映入眼帘的是酒店的什么位置？

（2）这些位置都有什么设施设备？

（3）他们的工作人员都是什么样子的？

（4）这里的工作人员是如何对待你的疑问与需求的？

（5）在这样的环境中你有什么样的感受？

（6）你愿意融入这样的环境，成为工作团队的一员吗？

（二）案例导入

2022年9月19日，熟客梁先生早上入住1022房，一切手续办完后，客人问前台服务员于次日2:00pm退房可不可以，服务员答："不可以。"客人再问一次，服务员再答不可以，客人再三询问，服务员再三回答不可以，双方争执不下，继而争吵起来，直到客房部经理和酒店总监出面，才让客人平息愤怒。客人离店以后，再没有订过这家酒店。请你根据常识谈谈，如果你是前厅接待员，应该怎样处理这件事。

（三）工作任务活动设计

在五星级酒店的接待服务中，前厅服务是最重要的环节。客人刚刚下榻酒店，如何让客人在第一时间对酒店认可并成为忠实顾客，是前厅接待人员的重要任务。本部分的几个任务根据前厅部工作的需要，设计了对前厅部的认识、对高星级酒店的认知、怎样做一名优秀的前厅部员工、如何做好职业规划成为优秀管理人员等几个来自工作中的任务情境。

任务实训一：认识前厅部组织机构

将学生分为4~5组,每组6~7人,模拟前厅部组织机构。每名同学承担一个部门的工作,包括前厅部的礼宾服务、入住及离店服务、服务中心叫醒服务、查询服务、投诉服务、客房销售以及餐饮部、客服部、健身中心等酒店接待客人各部门的分工协作工作。

问询服务

任务实训相关知识点一　前厅部的功能

★前厅部的概念

前厅部是负责招揽并接待宾客、销售酒店客房以及餐饮娱乐等服务产品、沟通与协调酒店各部门的对客服务部门。

★前厅部的职能任务

（1）是酒店的营业窗口,反映酒店的整体服务质量。

（2）是留给客人第一印象和最后印象的所在地。

（3）是酒店的信息中心。

（4）是酒店的神经中枢,协调和联络各部门对客服务。

（5）负责推销客房及其他产品和服务。

（6）负责建立良好的宾客关系。

★前厅部的功能

（1）推销客房。

（2）提供信息。

（3）协调对客服务。

（4）实时显示房态。

（5）建立、控制客账。

（6）提供各类前厅服务。

（7）建立宾客档案。

任务实训相关知识点二　前厅部的组织机构

★ 大型酒店前厅部组织机构图

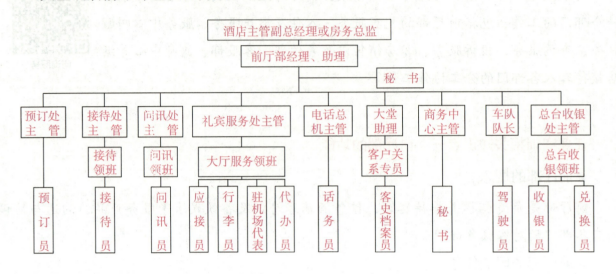

★ 中型酒店前厅部组织机构图

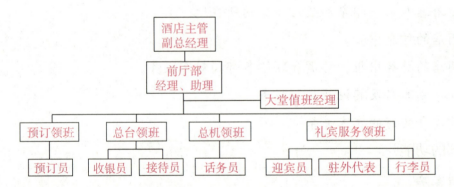

★ 小型酒店前厅部组织机构图

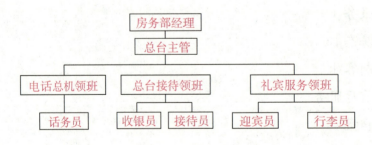

★前厅部主要组织机构介绍

（1）预订处：主要负责酒店客房的预订业务处理，最大限度地保证客房入住率的提高。

（2）接待处：主要负责出售酒店客房，提高客房出租率，办理入住登记手续等工作。

（3）问讯处：主要负责对客信息咨询、客情查询、信件和传真的收发、留言服务等工作。

（4）收银处：主要负责客账建立和管理、外币兑换、贵重物品寄存、结账服务等工作。

（5）礼宾部：主要负责酒店门厅的客人迎送、行李服务、行李寄存、店外代表等对客服务工作。

（6）服务中心：主要负责酒店电话转接、电话查询、电话维护、叫醒服务、紧急情况的电话处理工作。

（7）商务中心：主要是酒店设立的为客服务的机构，主要工作为打印、传真、复印、翻译等。

（8）大堂副理：酒店大堂副理行使"管理"和"服务"的双重职责。其主要职责是做好前厅的日常管理工作，协调各部门的关系，使酒店的各项工作协调畅通，处理客人投诉，代表酒店总经理做好贵宾的迎送工作，进行店外交流，维护前厅的良好秩序。大堂副理是客人心目中酒店形象的代表。

任务实训二：讲解搜集的酒店概况

示范：三大酒店集团

1. 希尔顿国际酒店集团

希尔顿国际酒店集团（HI），为总部设于英国的希尔顿集团公司旗下分支，拥有除美国外全球范围内"希尔顿"商标的使用权。希尔顿国际酒店集团经营管理着403家酒店，包括261家希尔顿酒店、142家面向中端市场的斯堪的克酒店，以及与总部设在北美的希尔顿酒店管理公司合资经营的，分布在12个国家中的18家康拉德（亦称港丽）酒店。它与希尔顿酒店管理公司组合的全球营销联盟，使世界范围内双方旗下酒店总数超过了2 700家，其中500多家酒店共同使用希尔顿的品牌。希尔顿国际酒店集团在全球80个国家内有逾71 000名雇员。

希尔顿，美国旅馆业巨头，人称"旅店帝王"。1887年生于美国新墨西哥州，曾为控制美国经济的十大财阀之一。第一次世界大战期间服过兵役，并被派往欧洲战场，战后退伍，之后经营旅馆业。

希尔顿经营旅馆业的座右铭是："你今天对客人微笑了吗？"

美国希尔顿酒店成功的秘诀就在于牢牢确立自己的企业理念，并把这个理念上升为品牌文化，贯彻到每一个员工的思想和行为之中。酒店创造"宾至如归"的文化氛围，注重企业员工礼仪的培养，并通过服务人员的"微笑服务"体现出来。

希尔顿认为，旅馆是一个服务和款待的行业。为了满足顾客的要求，希尔顿帝国除了到处充满微笑外，在组织结构上，尽力创造一个尽可能完整的系统，成为一个综合性的服务机构。因此，希尔顿酒店除了提供完善的食宿外，还设有咖啡室、会议室、宴会厅、游泳池、购物中心、银行、花店、服装店、航空公司代理处、旅行社、出租汽车站等一套完整的服务机构和设施。客房分为单人房、双人房、套房和为国家首脑级官员提供的豪华套房。餐厅也有高级餐厅和方便的快餐厅。所有的房间都有空调设备。室内设备，诸如酒柜、电话、彩色电视机、收音机、电冰箱等应有尽有，使到希尔顿酒店寄宿的旅客有一种"宾至如归"的感觉。

2. 喜来登酒店

喜来登酒店与度假村集团（Sheraton Hotels and Resorts）是喜达屋（Starwood）酒店集团中最大的连锁酒店品牌，也是集团中第二老的酒店品牌（最老的品牌是威斯汀）。

喜来登的酒店形态有许多种，从一般的商业旅馆到大型度假村都有；喜来登品牌一直企图维持高品质形象，世界上的喜来登酒店多半被当地机关评选为五星级酒店。喜来登品牌还有一个副牌叫作福朋喜来登（Four Points by Sheraton），是一个四星级的商务酒店品牌。喜来登酒店据点分部极广，遍布五大洲，从斯里兰卡到津巴布韦等都可见到。喜来登总部设在美国纽约的白原市（White Plains）。

在喜来登酒店，上至总经理，下至普通员工，印在思想中最牢固、贯彻在工作中最彻底的就是喜来登客人满意标准（Sheraton Guest Satisfactory Standard, SGSS）。它是喜来登管理中保持优质服务标准的灵魂支柱。

标准一，遇见客人先微笑，然后礼貌地打个招呼。

标准二，以友善热情和礼貌的语气与客人说话。

标准三，迅速回答客人的问题，并主动为客人找出答案。

标准四，预估客人需求，并帮助解决问题。

这四个标准恰恰针对的是我们日常服务工作中一些细微的言行，而正是这些细微之举，才是人人能做却又常被人忽略、难以长期保持的服务标准。

SGSS培训是从新员工入职开始的，目的是让新员工首先了解喜来登对客服务标准。同时每年进行复训，这是为了保持这一标准，且能让每位员工牢记SGSS是喜来登培训的灵魂。通过SGSS培训，员工的服务意识、员工的举止言行、员工的荣誉感、员工人与人之间的热忱与关怀逐渐体现在了工作当中，从而创造了很好的经济效益，也赢得了客源、赢得了盛誉——喜来登的确创造了培训奇迹。

3. 洲际酒店集团

洲际酒店集团（InterContinental Hotels Group PLC，IHG）是一个全球化的酒店集团，在全球100多个国家和地区经营和特许经营超过4 400家酒店，超过660 000间客房。

洲际酒店集团旗下的酒店品牌有洲际酒店及度假村（InterContinental Hotels & Resorts）、假日酒店（Holiday Inn）、皇冠假日酒店（Crowne Plaza Hotels）、智选假日酒店（Holiday Inn Express）、英迪格酒店（Hotel Indigo）。

洲际酒店集团成立于1777年，是全球最大及网络分布最广的专业酒店管理集团，拥有多个国际知名酒店品牌和超过60年国际酒店管理经验。同时洲际酒店集团也是世界上客房拥有量最大（高达650 000间）、跨国经营范围最广（分布将近100个国家），并且在中国接管酒店最多的超级酒店集团，包括中国大陆25个省、市、自治区。2018年12月，世界品牌实验室发布《2018世界品牌500强》榜单，洲际酒店排名第456位。

洲际酒店集团的"洲道服务"是为每一位远道而来的中国宾客献上的专属服务，从语言沟通、酒店设施、餐饮娱乐等各方面均为宾客的异国之旅设想周到。

任务实训相关知识点三　前厅大堂的构成、氛围及主要设备

★前厅大堂的构成

（1）酒店入口处：酒店入口处一般富丽堂皇，尽显奢华大气，使客人有耳目一新、心情舒畅之感。2020年之后，酒店门口都有专人负责让客人提供健康码和行程码并检测体温，要求客人佩戴口罩进店，也可以为客人提供口罩和消毒用品。

（2）酒店大门：酒店大门通常由正门和边门构成。大门的外观新颖、有设计感，应节日不同可在旋转门处搭配如鲜花、圣诞树、雪房子等有节日气氛的装饰物。门的规格大小应考虑客流进出量、服务水平、酒店规模等因素。大门可设置双重门，以保持大堂内温度相对稳定。

（3）大堂公共活动区域：大堂公共区域是酒店留给客人的第一印象，一般宽敞舒适、装饰豪华，装饰风格与酒店的规模和星级相适应，面积应与酒店的客房间数成一定比例。同时，大堂应有一定的高度。大堂地面一般铺设优质漂亮的大理石，既奢华有档次，也便于清洁。

（4）总台：总台位于前厅大堂内，是酒店总服务台的简称，是为客人提供入住登记、问询服务、兑换货币、结账服务等前厅综合服务的场所。总台一般位于酒店一楼大堂进门就可以看到的地方。现在很多酒店的总台都处于大堂的一侧，面积不会很大，既方便客人办理手续，又不给客人造成被注意的困扰。另外，在酒店客房都设有商务楼层，有的称为豪华阁，有的称为VIP接待，是为VIP客人准备的可以直接办理入住离店手续、有总台功能的区域。

（5）大堂吧：这是在酒店大堂的酒吧兼咖啡厅，是供客人聊天、品茶、喝咖啡的场所，属于餐饮部管辖，却在前厅部营业。

（6）精品店：酒店为方便客人购买特色商品，在一楼设有商场或精品购物店。一般出售具有地方特色的食品、服饰、纪念品等，也有日常生活必需品等。

（7）商务中心：酒店一般将商务中心设在一楼。商务中心是为客人提供办公服务的单独营业性场所，包括打字、复印、传真、资料成册等服务，属于前厅部的管辖范围。

（8）洗手间：大堂的角落设有洗手间，洗手间内宽敞、干净，同客房一样配备各种清洁用品。洗手间是为客人开放使用的，服务人员不能使用。

★ 前厅大堂的氛围

内容	标准
大堂温度和湿度	一般将温度维持在22℃~24℃，湿度控制在40%~60%
大堂光线	有一定的自然光线，配合多层次灯光，保证良好的照明效果
大堂色彩	主要区域的墙面、地面、吊灯等均以暖色调为主，搭配艺术品。前厅服务环境及客人休息区域色彩可略冷，以创造轻松氛围
大堂音量	减少噪声，选择音质好、柔和、音量适中的背景音乐
大堂气味	采用酒店香味传递系统。酒店香氛由中央空调加香机进行传递，保持大堂香氛

★ 前厅的主要设备

前厅部对客服务的运作效率很大程度上依赖配备的设备。随着科技的发展，酒店的设备越来越现代化。主要的设施设备如下：

（1）计算机：目前高星级酒店前厅部都配备计算机设备，较先进的酒店计算机软件系统有OPERA系统和FIDELIO系统等。OPERA系统专业性强，FIDELIO系统稳定性更好。

（2）钥匙机：也称制卡机，用于为客人制作房卡。有的钥匙机连通电脑使用，有的钥匙机可单独操作使用。

（3）贵重物品保险箱：是一种由带有门锁、多个小箱组成的立柜。小箱的数量一般是酒店客房总数的15%~20%，目前酒店中任何先进的设备都无法取代贵重物品保险箱的作用，高星级酒店也在客房内配备独立保险箱。

（4）账单架：是用于存放住店客人账单的架子，一般放置于总台收银处，以便存储，通常按房号排列。有的酒店将账单架装在小轮车上，可随意移动，方便使用。

（5）酒店自助设备：是一种无人值守、操作简单、查询方便快捷的人机交互设备。客人可以通过该设备自助开房、退房、结账离店。

（6）触摸式计算机显示屏：有些酒店还配备供客人查阅酒店有关服务设施、服务项目等信息的触摸式计算机显示屏，以方便客人使用。

（7）人脸识别系统：为更好落实身份证实名登记，酒店前台运用人脸识别系统，实现人脸与身份比对，有效解决酒店实名入住认证、认证合一的问题。

（8）健康宝二维码：新冠疫情期间，在酒店前台都有健康宝二维码出示牌，客人用手机微信扫一扫，信息就会直接录入酒店系统，为疫情防护做好备案。

（9）行李组设备：前厅部为方便客人拿取行李与出行，专门配有行李车、供残疾人专用的轮椅、伞架等。

（10）电话总机设备：包括用于转接电话的交换机、用于提供叫醒服务的设备，以及长途电话自动计费器和播放背景音乐的设备，均安装在电话总机房内。

任务实训三：职业规划的专门训练

示范1：前厅部主管就职演讲

尊敬的酒店董事长、各位同人：

大家上午好！

首先，我非常荣幸站在这里！能够得到大家的认可、得到董事长的信任和各位同人的期待对于我是非常珍贵的。在此，也感谢7年来一直关心我、支持我、培养我、指导我并且对我寄予厚望的酒店领导及全体员工。是你们的信任，才让我有了今天的成绩。同时，我深感使命艰巨、责任重大。

在未来的3年，我想与大家共命运、谋发展，打造"学习型、创新型、和谐型"的服务团队，具体从以下几个方面做好。

一、严格要求自己。首先从我个人做起，严格要求自己，把队伍带好，把事办好，把客人服务好。扎实做好每一项细节工作，起到榜样作用。

二、加强培训工作。培训工作对于酒店适应环境的变化、满足市场竞争的需要、满足员工自身发展的需要以及提升酒店形象和经济效益都有着十分重要的意义。通过培训可以提高员工的技能和综合素质，从而提高其工作质量和效率，减少失误。

三、不断学习。在业余时间多学习多取经，不能只立足于自己眼前的工作，要通过各种渠道学习世界顶级酒店的服务理念和服务方法，不断更新自己的认知、迭代服务和管理水平。

最后，让我们大家共同努力，争取使我们的酒店成为一流酒店，成为客人还想回来的地方。

示范2：竞聘前厅部经理演讲稿

尊敬的酒店同行、亲爱的兄弟姐妹们：

大家上午好！

我是×××，我在2022年进入京阳大酒店，工作至今已经有7年了。这7年间，我从餐饮部一名普通的服务员做起，经历了不同的人和不同的事。在中餐厅我工作了2年，做到了领班，之后调至前厅部从事文秘工作，2年后成为前厅部主管。7年间，我和大家已经融为一体，我们就是一家人。在这个大家庭中，我们分享喜怒哀乐，共同面对艰难困苦。感谢各位同事对我的信任和支持，感谢公司和董事长给我提供这次公平竞争、展示自我的机会，这一切都使我更加坚信只要付出就有回报、天道酬勤的真理。我相信一句话：一分耕耘一分收获。如果一分耕耘没有收获的话，那么十分耕耘一定会有一分收获。

下面就把我的一些想法，以及我的竞聘优势向各位汇报一下：

一、有事业心、有责任心、工作经验丰富。我从基层员工做起到成为前厅部主管，了解餐饮部、前厅部、客房部等酒店几大重要职能部门的工作流程，对前厅整体运营和管理有着全面的了解。

二、有沟通能力、协调能力和客源关系。在几年的工作期间，我深知要想把前厅的管理和运营工作做好，需要有共同目标的团队发挥作用。我的性格沉稳、外向，注重大局，同时，与同事们的关系和谐。在工作期间，也结识了很多客户，这能为我们今后的工作提供很多帮助。

三、有创新意识、敢闯敢拼。酒店的发展离不开客人，我们唯有不断尝试新理念、新思路，才能获得更多客户群。业余时间我学习酒店管理课程，学习西方酒店集团的管理方式，突破管理模式。

如果这次竞聘成功，我想做到以下几个方面：

一、建立学习制度，加强销售技巧的培训。定期组织员工学习，通过岗位培训、对外交流、岗位轮换、学历深造等方式加强员工和自身的学习，对酒店服务和管理更加细化地学习，以更好地服务客户。

二、定期汇报交流，加强比拼赶超。建立每天、每周、每月汇报交流制度，健全每周、每月服务明星竞赛机制，对优秀员工及时奖励，带动团队更好地向前。

三、制定客户超值服务制度。做好客人入住前、入住时、离店后的准备、接待、回访工作，掌握客人的入住体验，明确服务的核心，为客人做可以做到的一切工作。

作为酒店人，服务没有止境，最好的服务永远在下一次！

我们共同努力，请相信我！

谢谢大家！

（四）活动测评标准

活动内容	操作要领	分值	小组评价	教师评价
仪表仪容仪态	服务牌佩戴在外衣左上方，服装整洁，鞋袜洁净，头发、指甲、饰物符合职业要求，行走、站姿正确，行为规范有礼	10分		
职业感	对酒店管理认识到位，有职业感、服务意识	10分		
语言能力	语言能力强，有领导风范	30分		
课件制作	制作精美，图片和文字适合，比例均匀	20分		
团结协作	小组成员分工明确，配合默契	20分		
综合素质	给人的第一印象好，有很高的职业素质	10分		

三、岗位要求

1. 确保酒店周边环境一直干净整齐且酒店通道无阻碍。

Ensure that the hotel surroundings are clean and tidy at all times and the hotel access is clear.

2. 确保所有的灯都运作正常。

Ensure that all lights work.

3. 所有员工应专注并积极地接近正在到达的客人。

All staff is attentive and actively approach arriving guests.

4. 所有员工应修饰良好，制服应熨烫良好且干净，员工还应佩戴铭牌。

All staff is well groomed, uniforms are well pressed and clean, name badges worn.

5. 应提供24小时的行李服务。

Bell service is available 24 hours.

6. 确保酒店入口处的旗帜状态良好。

Ensure that flags in good condition are at the hotel entrance.

7. 每天检查 VIP 以及常住客人的到达名单，包括宴会客人以及餐厅 VIP 客人。

Check daily arrivals list for VIP and regular guests, including banquet guests and restaurant VIP guests.

8. 与客人进行目光接触并微笑。

Make eye contact with guests and smile.

9. 接待处应始终有一位员工在场。

There is a staff member at the desk at all times.

10. 以恰当音量播放音乐。

Music is playing at a suitable volume.

四、项目拓展

（一）复习旧知

1. 下列属于酒店独立部门的有（　　）。（多选）

  A. 前厅部   B. 餐饮部   C. 服务中心   D. 客房部

2. 一般星级酒店中，预订处属于哪个部门？（　　）

  A. 餐饮部   B. 前厅部   C. 工程部   D. 康乐部

3. 大堂副理在星级酒店中负责的业务不包括（　　）。

  A. 为客人点菜服务   B. 处理客人投诉

  C. 客人入住接待处理   D. 客人离店处理

4. 下列不属于星级酒店职能部门的是（　　）。

  A. 餐饮部   B. 前厅部   C. 财务部   D. 客房部

5. 金钥匙一般属于星级酒店的什么部门？（ ）

  A. 前厅部　　　　B. 餐饮部　　　　C. 客房部　　　　D. 人力资源部

（二）课后实践

参观当地高星级酒店，画出酒店大堂布局图。仔细观察其环境与气氛，并写出评析报告。

酒店前厅部参观报告			
参观时间		参观地点	
参加人员			
参观过程			
参观收获			
酒店建议			
指导教师建议			

（三）书写作业

1. 记忆并默写前厅部组织机构的分支。

2. 简述酒店前厅大堂的硬件设施。

3. 简述前厅部的职能。

4. 前厅部专业术语汉英抄写。
（1）维护大堂 Maintaining The Lobby

（2）迎候服务/站立姿势 Arriving Greeting/Standing Posture

（3）与客人道别 Farewell to Guest

（4）行李车 Luggage Trolley

（5）散客进店行李服务 Luggage Assistance upon Check in

（6）散客离店行李服务 Luggage Assistance upon Check out

（7）团队行李服务 Group Luggage

（8）行李寄存 Of Luggage

（9）车辆预订 Booking Transportation

（10）出租车服务 Taxi Service

（11）邮件/包裹派送服务 Mail/Parcel Delivery Service

（12）派送报纸 Newspaper Handling

（13）引领客人至房间/换房 Rooming Guests/Room Move

（14）接待贵宾 Handling VIP

（15）雨伞出借服务 Umbrella Service

（16）升降旗服务 Flag Handling

（17）大堂站岗和轮换 Lobby Post Alternation Routine

（18）钥匙管理 Key Control

（19）物品转交服务 Parcel Handover Service

复习旧知部分的答案

1. ABD。
2. B。
3. A。
4. C。
5. A。

项目二　客房预订

学习目标

知识与技能目标

1. 熟悉常见的客房预订方式及受理细节，娴熟掌握客房预订、变更预订和取消预订的程序。
2. 掌握客房预订失约的处理方法。
3. 能够用良好的服务态度、较高的服务质量做好预订服务工作。

情感目标

1. 树立优质服务的理念，时刻保持良好的工作热情。
2. 保持积极的服务心态，认真准确地处理每一项工作。

学习重难点

1. 掌握客房预订的工作程序。
2. 能够灵活应对客房预订的各种突发情况，解决客人的实际问题。

学习准备

1. 前台实训室、电话、联网电脑、网络预订系统。
2. 受理电话预订的程序与标准。
3. 学生统一穿职业装。

学习过程

一、热身游戏

猜词游戏：

规则：

1. 每组派两名同学参赛，一人用语言描述，另一个人猜词。

2. 每组5个词，哪组用时最少，就算获胜。

3. 用时最多的到台前表演节目。

4. 可以参考的词汇有：门童、行李员、大堂吧、行李车、客房、餐厅、中餐厅、西餐厅、总机、商务中心、前厅部经理。

5. 由教师来进行白板翻页操作。

二、知识储备

（一）课程回顾

1. 前厅部员工与客人交流时，与客人保持的礼貌距离是多少？

2. 前厅部员工的称呼礼节应注意什么？

3. 接待礼节应注意什么？

4. 应答礼节应注意什么？

客房预订

5. 人际交往距离有四种：亲密距离、个人距离、交往区距离、公众区距离，每种距离分别是多少厘米？

　　A. 亲密区（　　）　　　B. 个人区（　　）　　　C. 交往区（　　）　　　D. 公众区（　　）

6. 假如让你成为京京大酒店的前厅部经理（月薪20 000元），第一天上任时，用5分钟的时间，你会对你的50名员工说什么？

（二）案例导入

2021年9月30日20点50分，某海滨城市的星级酒店的常客刘先生携带三件行李，急匆匆地来到前台，声称自己三天前预订过一间商务房，晚间将有几位朋友相约来拜访他，要求马上办理入住手续。可是总台却无法找到其预订资料，且酒店已无空房。

按照国际惯例或酒店业常规，应该如何处理？

（三）工作任务活动设计

在五星级酒店的服务中，客人未到酒店最先接触到的就是客房预订服务。通过客房预订员的工作，客人能够了解到酒店的服务质量和服务水准，这就对预订员提出了很高的要求。本部分设计了客房预订服务、确认预订等几个任务，对具体工作进行了充分说明。

任务实训一：客房预订服务的流程（标准示范）

	服务程序	预订员	客人
1	接到客人预订电话，预订员确认预订类型	××先生/小姐：请问您是需要团体预订还是散客预订？ Would this reservation be for individual or group bookings Sir/Madam?	散客。 Individual.
2	如果是散客预订，将电话转至预订中心，如果是团体预订，转至相应的酒店销售部员工。电话铃响三声之内接听	感谢致电我们××服务中心，我是××，请问有什么可以帮您？ Thank you for calling our ×× hotel, service center, ×× speaking, how may I assist you?	我就是一家人来。 We're just as a family.
3	询问客人的姓名，得知客人的姓名之后，应称呼客人姓名	请问怎么称呼您呢，先生？ May I know your name please, Sir?	我姓刘。 Last name Liu.
4	在OPERA系统中找出客人客史资料并与客人核对。如果没入住过在系统中建立新的客史	刘先生，请问您以前入住过我们酒店吗？ Have you stayed with us before, Mr.Liu?	住过。 Yes.
5	询问客人是不是会员，如果不是的话，邀请客人加入	刘先生，请问您是我们的会员吗？ Mr.Liu, are you currently a member of guest?	是会员。 Yes.
6	查看客人所要求的日期预订状况，并根据当天的情况推荐至少两种房型，并确认每间房入住的人数	刘先生，请问您要预订几号的房间？需要住几个晚上？ May I please know the arrival and departure date Mr. Liu?	2月3日到5日，一共三个晚上。 Three nights, February 3–5.
7	根据客人提供的信息，选择适合客人要求的房间	请问房间一共住几位呢？ How many guests in your party?	三个人，两个大人，一个小孩。 Three men, two adults, one child.
8	房间促销机会	刘先生，请问您这次来秦皇岛是商务还是旅游度假呢？ Were you staying for business or leisure purposes Mr. Liu?	旅游度假。 Leisure.
9	旅游度假客人	刘先生，我们正好有套房可用，房间有独立的卧室，而且比豪华房有更大的空间。您只需要多加RMB×××就可以了，需要我帮您预订吗？ We do have a suite available on those dates. It has a separate bedroom for privacy and more space than the deluxe room. I can book this for you for an additional RMB×××.	那可太好了。 That would be great.
10	商务客人	刘先生，我们当天正好有套房可用，房间有独立的卧室和客厅，这样您可以在客厅会客而不影响家人休息。您只需要多加RMB×××就可以了，需要我帮您预订吗？ Mr Liu, We have a suite available on those dates, which has a separate bedroom and a lounge where you could conduct a business meeting or relax. I can book this for you for an additional RMB×××.	那可太好了。 That would be great.

续表

	服务程序	预订员	客人
11	询问订房人入住期间是否在酒店有庆祝活动或纪念日，并在系统中标注	刘先生，请问您在入住期间是否有特别的庆祝活动？ Mr. Liu, May I know if you are celebrating any kind of special occasion during your stay at our hotel?	正好是我儿子的生日，所以我们来玩。 It's my son's birthday, so let's have some fun.
12	如果有给予适当的问候	那提前祝孩子生日快乐啊，酒店会为孩子准备一份生日祝福礼物！ Happy early birthday to the child, the hotel will prepare a birthday blessing gift for the Child!	谢谢你啊。 Thank you.
13	询问客人到达的细节并提供路线指引、酒店租车服务等	刘先生，请问您当天大概几点到酒店呢？需要我帮您介绍下到酒店的路线吗？需要酒店的接机服务吗？ Mr.Liu, roughly what time will you be arriving to the hotel on（check in date）? Can I offer you directions to the hotel or organize a hotel car to pick you up from the airport or other location?	我们下午3点多吧。酒店能否提供接机服务呢？我们在北戴河机场。 We'll be there at 3:00. Can the hotel provide airport pick-up service? We're at Beidaihe airport.
14	进一步促销	刘先生，请问您住店期间需要预订我们酒店的餐厅吗？ Would you like me to make any bookings throughout your stay for you in one of the hotel restaurants Mr.Liu?	当然啊，给我预订一下西餐厅吧。 Of course. Make a reservation for me at a Western restaurant.
15	重复确认客人的预订信息	刘先生，我将再次确认您的预订信息。 Mr.Liu, I will now confirm all details regarding the booking with you.	好的。 Ok.
16	取得客人的联系方式以及到达时间	您预订了本月3号的一间无烟双床房间，住三个晚上。 You have booked a non-smoking twin-bed room for three nights on the 3rd of this month. 房间价格是RMB×××+15%服务费（净价），包含两份早餐。 The room rate is RMB×× (net) plus 15% and has breakfast included. 我已经帮您预订了酒店的车，于3号14:30在机场接您，航班号是×××，车费共计RMB×××。 I have booked a hotel car for you and will pick you up at the airport at 14:30 pm on the 3rd. The flight number is ××× and the fare is RMB×××. 我已经帮您在酒店西餐厅预订了3号晚上6点的座位，共3位。 I have reserved 3 seats for you at 6 pm on the 3rd in the western restaurant.	对的，太感谢你了。 That's right. Thank you so much.
17	预留客人信息	刘先生，为方便联系，请您留下您的联系电话和邮箱地址。 Mr.Liu, may I kindly have a contact phone number and e-mail please?	188335×××××
18	感谢并欢送客人等待客人挂线之后再放下话机	刘先生，感谢您选择我们的酒店，我们期待您的光临！ Thank you for choosing our hotel for your stay Mr.Liu. We look forward to welcoming you on（date）.	好的，回头见。 Okay, I'll see you later.

任务实训二：客房预订服务实操

预订员：（接听电话）您好，客房预订。

客人：你好，请问能不能帮我订一间房？

预订员：好的。请问您需要什么房间？我们有标准间，每晚108美元（人民币680元）；商务房，每晚138美元（人民币880元）；普通套房，200美元（人民币1 280元）；商务套房，248美元（人民币1 580元）；豪华套房，300美元（人民币1 888元）。以上房间内都分大床和双人床两种，豪华套房带按摩浴缸。

客人：我订一间标准间，要大床。

预订员：好的。请问您哪一天入住？

客人：下周五，住两晚。

预订员：下周五，是10月27日；住两晚，10月29日星期日离店。

客人：是的。

预订员：请问您是自己订还是代别人订？

客人：自己订。

预订员：请问您一个人住吗？

客人：不。还有我太太。

预订员：请问您的全名是什么？

客人：刘明。

预订员：刘先生，请问您乘飞机还是火车来？我们有免费班车往来火车站和机场专车接送。

客人：我们乘火车从上海来。

预订员：刘先生，请问您的车次是什么？

客人：G112次。

预订员：刘先生，请问您是用现金结账还是用信用卡？

客人：现金。

预订员：您需要保证您的订房吗？这样我们可以为您保留您的房间。您知道，现在是旅游旺季，我们只负责将普通订房保留至18：00，您可以先用信用卡担保，到时候再用现金结账就行了。

客人：不用了。我们下午4：00就能到。

预订员：请问您的联系电话是什么？我们好及时和您联系。

客人：电话是186303××××。

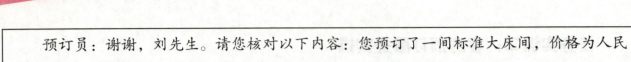

预订员：谢谢，刘先生。请您核对以下内容：您预订了一间标准大床间，价格为人民币680元。10月27日到29日。与刘太太乘坐G112次高铁从上海来北京。现金结账。您的联系电话是186303××××。

客人：是的。

预订员：谢谢您来订房。我们欢迎您的光临。

客人：谢谢，再见。

预订员：不用谢，再见。恭候您的光临。

任务实训相关知识点一　受理散客及团队预订

★预订员的服务准备工作

（1）按照服务规范检查个人仪容仪表，调整好情绪，做到服务热情周到、真心诚意。

（2）检查计算机、打印机、传真机、电话机是否处于正常工作状态，准备相关办公用品。

★预订员受理预订的主要工作

（1）掌握电话接听礼仪：预订员应掌握本地区和城市的相关信息，用良好的服务意识和娴熟的专业技能，迅速准确地理解客人要求，按照酒店服务规范有针对性地提供预订服务。

（2）填写散客预订单。

（3）为客人推荐适当的房型：预订员按照客人需求，为客人介绍酒店房间。

按房间数量划分：第一类：单间房（单人间、大床间、双人间、三人间）。第二类：套房（标准套房、高级套房、总统套房）。

按房间位置划分：外景房、内景房、角房。

按满足宾客个性化需求划分：商务房、高级行政房、无烟房、淑女房、残疾人房、体育人士房、儿童房、主题房。

（4）了解房价种类：标准价、门市价、散客价、团队价、家庭租用价、折扣价、淡季价、免费、旺季价、白天租用价、商务合同价、加床费、小包价。

（5）了解客房状态：住客房、请勿打扰房、空房、双锁房、走客房、待修房、保留房、外宿房、携带少量行李的住客房。

★预订员应掌握一定的报价方法

（1）从高到低报价。

（2）从低到高报价。

（3）选择性报价。

（4）根据房型报价（冲击式、鱼尾式、夹心面包式）。

任务实训三：确认预订服务实操

预订员：您好，张先生，这里是京京大酒店。我是前厅部预订员小刘。

客人：你好。

预订员：张先生，首先感谢您9月3日的电子邮件，我们很高兴向您确认下列安排：您是订了一间双人豪华套房，时间是9月30日到10月3日，共4晚，房间单价698元。您会在30日如约而至吧？

客人：是的。我们是两个大人和一个小孩，请给我们多准备一套日常生活用具。

预订员：好的，张先生，我们会按照您的要求为您准备，期待您的入住。对于其他细节，您可以参阅随信寄去的资料。不打扰您了，祝您工作愉快！再见！

客人：好的，谢谢你！再见！

任务实训相关知识点二　预订的方式和种类

★方式

（1）电话预订：客人或其委托人使用电话进行预约，该方式较为普遍，特点是迅速简便，易于客人与预订员之间的直接沟通，可使客人能根据酒店客房的实际情况，及时调整预订要求，订到满意的客房。电话订房有利于预订员详细了解客人对房间种类、用房数量、房价付款方式、抵离店时间及特殊服务等要求，并适时进行电话促销。在受理电话预订时，预订员应及时受理，绝不可让对方久等。电话铃一响，应立即用左手拿起听筒，主动热情地向客人问好，说："您好，预订部。"若铃声响过三次以上，则应向客人致歉，说："对不起，让您久等了。"若对客人所提预订要求不能及时进行答复，则应请对方留下电话号码，并确定再次通话的时间。若对客人所提预订要求能够予以受理确认，则应做好及时完整的记录，并在通话结束前，重复其主要预订内容，以免出差错，如说："李先生请允许我重复您的预订要求。您订的是从10月6日到10月9日的一间商务套间，感谢您的来电，恭候您的光临。"若遇有外宾的姓名，则应请对方拼写姓名，复述时亦如此。受电话的清晰度以及受话人的听力水平等的影响，电话预订容易出错。

（2）网络预订：用户可以通过互联网、手机App、智能手机客户端等多种方式获得酒店预订服务，通过酒店预订服务查询各类酒店相关信息，预订满意的酒店类型，如所在商业街区、周围建筑物、品牌、星级、价位、地址、房型、床型、房内配置、酒店公用设施、停车场、宽带、早餐、开业时间、最近装修时间和用户评价等。其特点是高效、便捷、节省成本，避免了人与人面对面接触。

在酒店预订方式上，美国有70%的网民会通过互联网进行酒店预订，中国随着使用互联网人数的增加，网络预订逐步走向成熟。

（3）面谈：客人或其委托人直接来到酒店，与预订员面对面洽谈预订事宜。其特点是让预订员有机会更详尽地了解客人的需求，当面回答客人的问题，同时还能视客人的神态、表情等，洞察其心理因素，有针对性地采取相应的推销技巧进行适时销售。

（4）传真预订：通过传真的形式进行客房预订，其特点是传递迅速，即发即收，内容详尽，并可传递客人的真迹，如签名、印鉴等。此方式可将客人的预订资料原封不动地保存，不易出现预订纠纷。

★种类

1. 临时性预订（Advanced Reservation）：客人在即将抵达酒店前很短的时间内或在到达的当天联系预订。一般予以口头确认。

2. 确认性预订（Confirmed Reservation）：在酒店与客人之间就房价、付款方式、取消条款等达成了正式协议。确认性预订的方式有两种：口头确认和书面确认。

3. 保证性预订（Guaranteed Reservation）：客人保证前来住宿，否则将承担经济责任，酒店则必须在任何情况下都应保证落实的预订——保留客房至抵店日期的次日退房结账时间（Check-out Time）。

任务实训四：婉拒预订服务实操

预订员：您好，这里是京京大酒店。我是前厅部预订员小刘。

客人：你好。我想订10月3日到5日的豪华套房两套，最好是海景房，并且是有会客厅的。

预订员：张先生，实在抱歉，您所需的套房我们已经订满了。不过，在您抵店那天，我们可以为您提供两间客房，面积与套房一样，而且是海景房，您看可以吗？

客人：我需要带会客厅的房间。

预订员：那实在很抱歉，先生。如果在您抵店之前有退房，我们会第一时间通知您的。

客人：好吧，我再问问其他酒店。你那边有房后尽快告诉我，谢谢你！

预订员：好的，先生。没有满足您的要求深表歉意，祝您工作愉快！再见！

客人：再见！

任务实训相关知识点三　客房预订程序

为了确保客房预订工作的高效运行，前厅部必须建立健全客房预订程序。通常包括以下七个阶段。

通信联系→明确客源要求→受理预订（或婉拒预订）→确认预订→预订资料记录储存→修改预订→抵店准备

（1）通信联系：客人往往通过电话、面谈、传真、信函、网络等方式向酒店前厅部客房预订处提出预订要求。

（2）明确客源要求：预订员应主动向客人询问，以获悉客人的住宿要求，并将其预订信息填入客房预订单。

（3）受理预订：预订员通过查看预订总表或计算机终端，判断客人的预订要求是否与酒店的实际提供能力相吻合。其因素主要包括以下四个方面：

①抵店日期。
②客房种类。
③用房数量。
④住店夜次。

（4）确认预订：确认预订不但使酒店进一步明确客人的预订要求，而且在酒店与客人之间就房价、付款方式、取消条款等达成了正式协议，尤其是书面确认。

（5）预订资料记录储存：当预订确认书发出后，预订资料必须及时正确地予以记录和储存，以防疏漏。将有关客人的预订资料装订在一起，最新的资料在最上面，依次顺推，利于查阅。

①按客人所订抵店日期顺序储存。
②按客人姓氏字母顺序储存。

（6）修改预订：预订客人在实际抵店前，因种种原因可能对其原有预订进行更改或取消，预订员应耐心、高效地对客服务。

（7）抵店准备：沟通客房部，确保客房清洁可售；联络礼宾处，做好客人迎接准备；提前做好客房入住登记准备。

任务实训五：疫情期间的入住服务

预订员：您好，这里是京京大酒店。我是前厅部预订员小刘。

客人：你好，我想预订2021年12月24日至26日的家庭套房，你们那里还有空房吗？

预订员：您好，先生，12月24日至26日正值圣诞节，我们这里房源比较紧张，目前还有两套家庭主题套房，比一般的套房稍贵，房价是1 580元，含3人自助中西早餐，价值每位98元，而且赠送儿童K20主题活动。需要给您预订吗？

客人：那还不错啊！这个儿童K20主题活动是什么呢？

预订员：这个儿童K20主题活动是针对6~14岁儿童开展的关于手工、游泳、烘焙等服务项目的活动，孩子们都非常喜欢。

客人：行，那你给我预订这个房间。我们24日上午就能到达酒店，我到了以后再付费就可以吧？

预订员：可以的，先生！请问您从哪里来？如果是中风险、高风险地区，我们是不能接待的；如果是中高风险城市的低风险地区需要提供48小时核酸检测报告。

客人：我们从北京来，不是高风险地区。

预订员：好的，先生，那给您预订2021年12月24日至26日的家庭主题套房，这边有白雪公主主题套房和小王子主题套房，您需要哪一种？

客人：我们需要小王子主题套房。

预订员：好的，先生。给您预订2021年12月24日至26日家庭主题小王子主题套房3天，您在24日12点入住。欢迎您和家人的光临。

客人：好的，谢谢你！你的服务太周到了！

预订员：不客气，先生。恭候您的光临！

团队订房确认书

海马国际旅行社组织了50人团队"十一"期间到北京三日游，出发时间是10月5日，返程时间是10月7日。入住北京国际酒店。酒店的标准间的挂牌价是888元，团队价是458元。本团队中有30位成年人（非学生）、15位小朋友、5位大学生。其中13位小朋友是和父母来的，2位小朋友是和妈妈来的，还有一对青年夫妇。大学生互相不认识。他们每人的团费是1 580元。包括北京天安门、故宫博物院、军事博物馆、天坛、颐和园、国家大剧院演出等。酒店负责早午晚餐，早餐35元、午餐55元、晚餐55元标准。开户行：交通银行秦皇岛分行。

开票信息

户名：秦皇岛市中等专业学校

社会信用代码：1111111111111T

开户银行：交通银行秦皇岛分行营业部

账号：00000000000001

（四）活动测评标准

活动内容	操作要领	分值	小组评价	教师评价
仪表仪容仪态	服务牌佩戴在外衣左上方，服装整洁，鞋袜洁净，头发、指甲、饰物符合职业要求，行走、站姿正确，行为规范有礼	10分		
接电话	铃响三声之内	10分		
问候客人	问候语：1. 早上好/中午好/晚上好。 2. 报部门：某某酒店预订部	10分		
了解客人需求	礼貌地问清客人是否需要订房，确认住店客人抵店日期、预住天数、人数、房间种类、所需房间数量	10分		
查看房态	查看计算机或客房预订控制板，确定是否有所需房间	10分		
介绍房间	向客人介绍三种以上（含三种）客房，并正确描述各类客房的优点，正确报价	15分		
填写预订单	规范完整地填写预订单	10分		
确认订房情况	确认客人订房的时间、天数、房型、房数、付款方式、保留时间、特殊要求等	10分		
道别	礼貌地向客人道谢、道别	5分		
预订程序	按照正确的程序向客人提供预订服务	10分		

三、岗位要求

1. 提供当地和旅游的信息。

Have local and tourist information available.

2. 给予客人有用的信息。

Give the guest useful information.

3. 推荐品牌的奖励积分计划，给予信息并主动邀请客人加入计划。

Promote the Brand's loyalty program, give information and offer to enroll the guest.

4. 如果预订的房间不符合需求，提议另外的房间，解释原因及价格差异。

If room booked does not match needs, suggest another, explain why, explain price difference if any.

5. 安排匹配客人需求的房间。

Allocate a room matching the guest needs.

6. 解释所分配房间的优点。

Explain the benefits of the allocated room.

7. 向客人发送信息和传真。

Deliver messages and faxes to the guest.

8. 解释酒店的促销活动。

Explain any promotions in the hotel.

9. 主动帮助在酒店餐厅进行预订。

Offer to make restaurant reservations in the hotel restaurant.

四、项目拓展

(一)复习旧知

1. 预订员受理预订的主要工作有（　）、（　）、（　）、（　）、（　）。

2. 销售中常见的报价方法有（　）报价、（　）报价、（　）报价、（　）报价四种。

3. 根据房型报价，具有（　）报价、（　）报价、（　）报价三种方式。

4. 按照客房位置划分，可分为（　）、（　）、（　）。

5. 房价的种类有（　）、（　）、（　）、（　）、（　）、（　）、（　）、（　）、（　）、（　）。

6. 标准价，即饭店价目表上明码标注的各类客房的现行价格，也可称为（　）、（　）、（　）。

(二)课后实践

观看视频，与同学4人一组到当地五星级酒店进行实地考察与实践。

酒店客房预订处实践表			
实践时间		实践地点	
实践人员			

续表

酒店客房预订处实践表	
实践过程	
实践收获	
酒店建议	
指导教师建议	

（三）书写作业

1. 记忆并默写客房预订的详细程序。

2. 在受理电话预订时，预订员应注意哪些细节？

3. 临时性预订、确认性预订和保证性预订的特点是什么？

4. 专业术语汉译英抄写。

（1）入住办理 Guest Check in

（2）现金入住办理 Guest Check in with Cash

（3）登录系统 System Log on

（4）快速退房 Express Check-out

（5）团队退房 Group Check-out

（6）团队办理入住 Group Check in

（7）客人抵达前的准备 Arrival Preparations

（8）为抵达的客人准备入住登记单 Preparing Registration Cards for Arriving

（9）团队抵达的准备 Preparing Group Arrivals

（10）招呼客人 Greeting Guests

（11）指引客人 Directing Guests

（12）客人的反馈 Guest Feedback

（13）做预订 Taking Reservation

（14）入住登记 Registration Cards

（15）无预订的散客入住 Walk in Guests

（16）重要客人 Very Important Persons（VIP）

（17）外币兑换 Foreign Currency Exchange

项目二　客房预订

复习旧知部分的答案

1. (掌握电话接听礼仪)、(填写散客预订单)、(为客人推荐适当房型)、(了解房价种类)、(了解客房状态类型)。
2. (从高到低)、(从低到高)、(选择性)、(根据房型报价)。
3. (冲击式)、(鱼尾式)、(夹心面包式)。
4. (外景房)、(内景房)、(角房)。
5. (标准价)、(团队价)、(家庭租用价)、(淡季假)、(旺季价)、(商务合同价)、(小包价)、(折扣价)、(免费)、(白天租用价)、(加床费)。
6. (门市价)、(客房牌价)、(散客价)。

项目三　礼宾服务

学习目标

知识与技能目标

1. 了解前厅礼宾服务的主要内容，描述迎送宾客的服务程序，懂得散客与团体的行李服务程序。
2. 掌握行李的寄存与提取的服务程序，描述贵重物品保管的服务程序。

情感目标

1. 尽心、尽力、尽责，服务到位，成为合格的礼宾部员工。
2. 诚心诚意地为客人服务，有效提高工作能力。

学习重难点

1. 熟练掌握门童、行李员的操作流程。
2. 能够按要求做好门童、行李员的服务工作。

学习准备

行李箱、挎包、课件、视频。

学习过程

一、热身游戏

马兰花开：

规则：

1. 大家围成一个圆圈，间距 30 厘米，不可以有肢体接触。

2. 游戏开始，大家围着老师走圆圈队列，一起边走边念："马兰花，马兰花，风吹雨打都不怕，请问要开几朵花？"老师说"5 朵"，那么大家就赶快任意 5 个人抱在一起，没有抱在一起的，就给大家模仿一种动物的样子让大家猜。之后继续两次。

二、知识储备

（一）课程回顾

1. 连线题：

住客房　　　　　　　　　DND

可售房　　　　　　　　　VIP

走客房　　　　　　　　　LS

长住房　　　　　　　　　VD

贵宾房　　　　　　　　　VC

请勿打扰房　　　　　　　BR

保留房　　　　　　　　　OOO

待修房　　　　　　　　　S/O

外宿房　　　　　　　　　OCC

2. 客人抵店当天的订房属（　　）。

　　A 保证性预订　　B 确认性预订　　C 临时性预订　　D 契约订房

3. 预订员判断客人的预订要求是否与酒店实际提供能力相吻合的因素是（　　）。

　　A 抵店日期　　B 客房种类　　C 住店人数　　D 住店夜次

4. 我国首批白金五星酒店有（　　）。

5. 酒店大堂适宜的温度应保持在（　　）度。

（二）案例导入

谭女士因公来杭州出差，下飞机后便打车直接来到提前预订的某五星级酒店。由于谭女士出差时间较长,因此携带行李较多,那么作为该酒店的门童小陈如何做好迎接服务呢?

(三)工作任务活动设计

海马国际旅行社组织了中专学校2022级旅游班100人团队的北京三日游,出发时间是2022年10月22日,返程时间是10月25日。入住北京国际酒店。领队是刘成,乘坐大巴车是冀C66666、冀C88888,有85人携带了行李箱、15人各携带了两个行李包,携带行李箱的都携带了小包。房号是1101—1111、1201—1211、1501—1511、2601—2611、3601—3611。

行李员是徐明浩,主管是刘华。

请你填写团队行李进出店登记单。

门童迎接服务

行李员引领

任务实训一:前厅部行李服务程序(标准示范)

	程序	行李员	客人
1	当客人的车一停下,马上帮客人打开车门并问候客人	开车门 Open the door.	
2	微笑地问候每一位客人并引领客人到酒店正门口	先生,早上好,欢迎光临京京大酒店。 Good morning, sir. Welcome to the Jingjing Hotel.	早上好,先生。 Good morning, sir.
3	当知道客人名字的时候尽量称呼名字	让我帮您拿行李吧。 Let me assist you with your luggage.	好啊,麻烦你了,行李有点多。 Yes, please. It's a lot of luggage.
4	告知客人你一共拿了几件行李,并请客人核对	跟您确认一下:您总共有×件行李? May I confirm that you have a total of (×) pieces of luggage?	没错。 Yes.
5	明确地告诉客人将为客人服务的内容	您的行李将在登记入住后送到您的房间。 Your luggage will be sent to your room after check-in.	好。 All right.
6	用整个手掌为客人指路	这边请。 Right this way please.	好。 All right.
7	要妥善放置在客人的视野之内	谢谢,希望您入住愉快。 Thank you, we wish you a pleasant stay.	非常感谢,再见! Thank you very much. Bye!

任务实训相关知识点一　门童迎送服务

★门童迎送服务

主要是指对宾客抵店、离店或入住期间出入酒店正门时所提供的一项面对面的礼仪服务。

门童（Doorman），亦称迎宾员或门厅应接员，是代表酒店在大门口迎送宾客的专门人员，是酒店形象的具体表现。

门童要承担迎送、调车等工作，还要协助保安员、行李员等开展工作。

通常应站在大门的两侧或台阶下、车道边，站立时应挺胸领首、手臂自然下垂，也可向前或向后互握，两脚与肩同宽。

★上岗前的准备工作

（1）认真检查仪容仪表，确保符合酒店规范。

（2）调节情绪，调整心态，热情而面带微笑地迎接宾客。

（3）查看交班本，了解上一班的工作情况是否有改进事项。

（4）检查负责区域的设施设备及卫生安全状况。

★迎接服务

（1）将宾客所乘车辆引领到适当的地方停下，以免引起店门前的交通堵塞。

（2）为宾客提供护顶服务。趋前开启车门，用左手拉开车门约70°，右手挡在车门上沿，为宾客护顶，防止宾客碰伤头部，并协助宾客下车。

（3）面带微笑，使用恰当的敬语欢迎前来的每一位宾客。

（4）协助行李员卸行李，注意检查有无遗漏物品。

（5）招呼行李员引领宾客进入酒店大堂（或总台）。

门童迎接服务程序：上前迎接→开车门、护顶→问候宾客→询问是否需要行李服务→帮宾客提取行李→示意行李员交接→引领宾客入店→返回门岗。

★护顶原则

（1）护顶顺序。后排坐副驾驶后的座位→后排坐驾驶员后的座位→副驾驶的座位。

（2）若遇有行动不便的宾客，则应协助他们下车，并提醒注意台阶。

（3）若遇有信仰佛教和伊斯兰教的宾客，则无须为其护顶，因为他们认为手挡在头顶上，会挡住佛光或真主的眷顾。

（4）若遇雨天，应为宾客提供撑雨伞服务，并礼貌地暗示宾客擦净鞋底后进入大堂，并将宾客随手携带的湿雨伞锁在伞架上。

★送行服务

（1）招呼宾客所用之车至便于宾客乘坐而又不妨碍装行李的位置。

（2）协助行李员将行李装入汽车的后舱，请宾客确认无误后关上后舱盖。

（3）请宾客上车，为宾客护顶，等其坐稳后再关车门，切忌夹住宾客的衣裙。

（4）站在汽车斜前方0.8～1米的位置，怀着感激之情，挥手向宾客告别，并说"再见，一路顺风"等礼貌用语。

★VIP宾客迎送服务

具体操作程序：

①**主动迎客**：行李员主动向客人表示欢迎。如客人的行李在车上，应上前帮助将客人的行李卸下车，请客人一起清点行李件数并检查行李有无破损。

◆ 如何搬运行李及引领客人

A.清点并检查完客人的行李后，视行李的多少，决定用手提还是使用行李车。

B.搬运行李时，客人的贵重物品、易碎品，如手提包、笔记本电脑、照相机等，应让客人自己保管。

C.装行李车时，应注意将大件、硬件、重件放在下面，小件、软件、轻件放在上面。同时应注意搬运行李时，不可用力过猛，更不可用脚踢客人的行李。

D.引领客人时，应走在客人的左前方，距离两三步，随着客人的脚步走，在拐弯处或人多时，应回头招呼客人。

②**领至总台**：将客人引领至总台，请客人进行登记。在客人办理入住登记手续时，行李员应手背后站在总台一侧（客人侧后方，离总台约4米的地方）看管行李，等候客人，同时眼睛注视总台接待员。

③**引领入房**：入住登记完毕后，主动趋步向前从接待员手中领取房间钥匙，引领客人至客房。途中，应主动热情地问候客人，并适时介绍酒店特色、新增设的服务项目、特别推广活动等。

◆ 电梯礼仪及如何正确进房

A.行李员应主动叫梯；请客人先进入电梯（在客人进出电梯时，行李员应有护梯动作）；将行李拿入电梯中，连同行李站在电梯的右侧，并按梯纽，键入楼层号；电梯行至楼层时，请客人先走出电梯。

B.无论房间为何种状态，都应敲门进入；站在离门半米远的地方，并正对房门门窥镜的位置；中指突出，轻扣房门三下，停顿3~5秒，再轻扣房门三下；如房内无人应，则可刷卡进入。

④介绍房间：讲解介绍房内设施及使用方法。

⑤礼貌离房：向客人讲："祝您入住愉快"。并后退三步，离开房间，轻轻关闭房门。

任务实训二：门童迎接服务实操

将班级学生分成几个组，每组6人——门童2人，行李员1人，客人3人。由2名教师同时上课，一名担任司机，一名担任评分老师。各组学生演示：客人乘坐轿车来到酒店门口，门童迎接，行李员送至前台办理入住手续并送到客房，给客人简单介绍房间情况。

轿车缓缓开到实训楼门前，门童在实训楼酒店门口规范站立，看到车驶过来，立刻快步走或小跑到车的右侧。待轿车停稳之后，进行拉门服务。首先打开副驾驶后排的车门，并且进行护顶服务。

门童：您好，女士！欢迎光临秦皇岛中专大酒店！请您小心下车！（站在副驾驶后的车门旁，左手开车门，右手挡在车门上方，以防客人的头碰到车顶）请问您有几件行李？

客人：你好，三件行李。

行李员：（从后备厢搬行李）请问您的行李有需要寄存的吗？怕磕碰吗？

客人：没有需要寄存的，倒是不怕磕碰，麻烦你都给我搬到楼上吧！

行李员：好的，没有问题，女士。

门童：您请这边来，我带您到前台去办理入住登记手续。

客人与门童到前台办理入住登记手续（入住登记参考模块二），办理好之后随行李员上电梯到客房。

行李员：女士，这边请。（侧身走在客人的左前方，遇到拐弯处告知客人并用手势）请上电梯。（用手扶电梯，请客人先进先出电梯，在电梯里就本市和本酒店做简要介绍）女士，您是第一次来秦皇岛吗？

客人：对呀，对呀，你能不能给我介绍介绍这个城市啊？

行李员：当然可以！秦皇岛是环渤海地区重要港口城市，是华北、东北和西北地区重要的出海口，京津冀协同发展与振兴东北老工业基地两大国家战略的交汇点。秦皇岛曾获国家园林城市、全国十佳生态文明城市、中国北方最宜居城市、中国最佳休闲城市、中国最具爱心城市、中国最具幸福感城市等荣誉。秦皇岛曾协办北京亚运会和北京奥运会，是中国唯一协办过奥运会和亚运会的地级市。秦皇岛著名景区在山海关有老龙头、天下第一关、角山长城、长寿山等，北戴河有著名的鸽子窝公园、老虎山公园、联峰山、怪楼等，还有野生动物园、新澳海底世界等景区，您可以在这里游玩三四天，安排得充实又合理。

客人：哦，这么多好玩的地方啊！那我都要去看看。对了，你们酒店有什么风味餐厅吗？娱乐场所都在几楼啊？

行李员：我们秦皇岛中专酒店的中餐厅以北方菜为主，还有三个风味餐厅，包括日式料理餐厅、韩国料理餐厅和法式西餐厅，几家餐厅都聘请了有名的厨师，味道非常纯正，法式西餐厅还有非常美味的榴梿比萨，您可以去品尝，相信您会喜欢。日式料理餐厅在2楼，韩餐厅也在2楼，法式西餐厅在3楼。

客人：哇，是吗？太好了，我一定去！谢谢你啊！

行李员：不客气，这是我们的职责。女士，您的房间到了！（规范使用房卡打开门）行李给您放到行李架上了。（到屋内打开窗帘，并给客人讲解空调遥控器和电视遥控器的使用方法）您看这是电视的遥控器，床头柜这里有电视节目的频道指南，还有网络连接的使用方法。这是空调遥控器，您可以随意调节温度。夜间如果太凉，衣橱里有厚毯子，您可以使用。您还有什么其他需要帮助的吗？

客人：没有了，谢谢你。你们酒店的服务太周到了！

行李员：好的，不用客气！如果您还有其他需求请拨打前台电话0。请您休息吧，再见！

任务实训相关知识点二　散客行李服务

★入住行李服务

主动迎客→领至总台→引领入房→介绍房间→礼貌离房

★离店行李服务程序

主动服务→确认退房→行李装车

★换房行李服务程序

问清房号→进入客房→引领宾客→更换房卡→前往客房→清点行李→搬运行李→返回岗位

★行李寄存服务

寄存注意事项：

行李寄存期限——行李寄存1天内的（不过夜）属临时寄放服务范围；行李寄存1~30天的，属长期寄存范围。行李寄存最长时限为1个月，若客人寄存一个月以上需请示行李主管或大堂经理。食品（包括水果篮、蛋糕、点心等易变质的食品）寄存最长时限为8小时，客人寄存时须告知，超过时限酒店有权处理该类物品。

★行李存取服务

行李存放程序：

确认宾客身份→询问寄存要求与行李特性→填写行李寄存单→检查宾客行李→交给宾客寄存单并与其道别→存放行李

行李提取程序：

请宾客出示寄存卡→核对寄存卡→查找行李→回收寄存卡归还行李→与宾客道别

任务实训三：门童送别服务实操

将班级学生分成几个组，每组3人：门童1人，客人2人。由2名教师同时上课：1名担任司机，1名担任评分老师。各组学生演示客人离开酒店，门童的服务程序。

门童：您好，女士、先生。请问您两位的行李就是这两个箱子吗？

客人：是的！麻烦你帮忙搬到楼下，放到汽车上，谢谢！

客人：送我们到机场的车子来了吗？

门童：已经来了，就在门口。（引领客人）

客人：哦，看到了。

门童：请您上车。

（护顶，女士优先，待女士在后排座坐好之后将行李轻拿轻放放在车子后备厢里。站在汽车斜前方0.8~1米的位置，怀着感激心情，挥手向客人告别，目送客人并说："再见，一路顺风，欢迎您下次再来光顾。"）

客人：谢谢啦，再见！

任务实训四：引领客人进房间程序

行李员：张先生，请允许我陪您去房间，这边请。

客人：好的。

行李员：我向您介绍一下我们酒店的设施设备，三楼有中餐厅、日式餐厅、西餐厅，商务中心、游泳池、健身中心位于一楼。目前酒店有会员卡充值礼赠活动，您可以咨询健身中心。

客人：哦，活动还挺多，我明天就过去看一看。

行李员：请您进电梯，注意脚下安全。

客人：好。

行李员：行李我帮您放到行李架上了，床头柜有空调的开关和无线密码。如果您还有什么需要请致电总台服务中心，拨0就可以了。

客人：好的。

行李员：祝您入住愉快，再见！

客人：再见，谢谢！

任务实训五：离店的行李服务程序

行李员：您好，先生，请问您这次入住还愉快吗？各方面都还满意吧？

客人：嗯，还不错！西餐厅的菜很好吃，游泳馆人很少，水也很干净。

行李员：希望您以后经常光顾！您的行李一共是两个箱子和两个包吗？

客人：是的，不过，这个箱子有点重，买了很多工艺品。

行李员：没关系，我用行李车。

客人：好的。

行李员：行李都给您放到车上了，您看一下，两个行李箱和两个包。

客人：对，没问题。

行李员：刘先生，希望能再次为您提供服务，祝您一路顺风！

客人：好的，小伙子，谢谢你啊，后会有期。

行李员：再见！（挥手致意）

任务实训相关知识点三　团队行李服务

●团队行李服务前准备工作

（1）查看当日抵店团队名单，了解各团队基本信息。

（2）询问总台确认具体抵店时间。

（3）检查与准备好行李车和行李网罩。

（4）查看行李房，保证即将抵达团队的行李有足够空间存放。

●团队入住行李服务程序

（1）清点行李。

（2）分送行李。

（3）登记存档。

●团队离店行李服务程序

（1）准确登记。

（2）收取行李。

（3）行李装车。团队司机和行李员清点行李件数，签字，注明车号。

●贵重物品保管服务程序

（1）询问寄存要求。

（2）填写寄存单。

（3）寄存物品。

（4）递交子钥匙寄存凭单。

（5）与客人道别。

★换房的行李服务程序

操作步骤	主要操作内容	注意要点
一、了解情况	接到接待处换房通知后，问清客人房号、姓名及换房后的房号，领取新的房间钥匙和房卡	确认客人是否在房间
二、敲门进房	请客人清点要搬运的行李物品，将它们小心地装上行李车	
三、带客人到新房间	1. 将行李重新放好； 2. 收回客人的原房间钥匙和房卡，将新的房间钥匙和房卡交给客人； 3. 向客人道别，退出房间	如所换房间类型不同，必要时向客人介绍房内设施设备
四、交回原房间钥匙和房卡	将原房间钥匙和房卡交回接待处	
五、做好换房记录		

★行李存取服务程序

	主要操作内容
一	确认客人身份
二	了解住客寄存行李要求，是短期（<24小时）还是长期（>24小时）
三	问清行李中是否有贵重物品或需特殊处理的物品，并做好记录
四	请客人填写"行李寄存单"并签名
五	将寄存单上联（提取联）交给客人，提醒客人注意保存，将下联（寄存联）系客人行李上
六	检查行李，易燃易爆物品需加锁
七	将寄存行李有序摆放好，以免客人拿错
八	客人要求提取行李，行李员礼貌地向客人收取行李提取联
九	将行李当面请客人清点后交给客人，同时把寄存卡上下联装订在一起存档

★贵重物品保管服务程序

	主要操作内容
一	弄清客人寄存的要求
二	确认客人是否为住店客人，并请出示房卡
三	填写贵重物品寄存单，并向客人介绍注意事项
四	依据客人需求，选择相应规格保险箱，并将箱号记录在寄存单箱号栏内
五	使用子母钥匙同时打开保险箱，取出存放盒，由客人亲自放盒内
六	存放盒、寄存单第一联放入保险箱，锁门。子钥匙给客人，母钥匙留总台
七	告知客人，启用时需出示箱子钥匙和寄存单并请客人妥善保管
八	填写客用安全保险箱使用登记簿，以备核查
九	每开启一次，请客人在寄存单相关栏签名认可
十	客人退箱时，总台人员应收回该箱子钥匙和寄存单
十一	在客用安全保险箱使用登记簿上做终止记录

行李寄存单

首联	
行李寄存单　　　　　单号 姓名 行李数目 日期　　　　　　　　时间 房号 客人签名　　　　　　电话 行李员签名	
副联	
姓名	
行李数目 电话	

（四）活动测评标准

实训内容	操作要领	分值	小组评价	教师评价
仪容仪表	服务牌佩戴在外衣左上方，服装整洁，鞋袜洁净，头发、指甲、饰物等均符合职业要求	10分		
仪态	行走、站姿正确，行为规范有礼	10分		
主动迎宾	主动迎宾，为客人提拿行李	10分		
引领客人至总台	走在客人身前两到三步远	10分		
记清客人的房号	记清客人的房号	10分		
电梯服务	请客人先进先出电梯，为其他出入电梯的客人提供服务，为客人介绍酒店的整体情况	20分		
房间服务	为客人开门，示意客人先进房间；征求客人意见，放好行李物品；为客人挂好衣帽，拉开窗帘，向客人简要进行电视频道介绍、常见电话号码介绍、电器设备介绍、小酒吧介绍、服务指南介绍	20分		
道别	与客人礼貌道别，主动征求意见	10分		

三、岗位要求

1. 在有两件以上的行李时应使用行李推车。

Luggage trolleys are used where there are more than 2 pieces of luggage.

2. 行李应在客人到达房间后5分钟内送到。

Luggage is delivered within 5 minutes of the guest arrival in the room.

3. 应向客人确认行李的件数以确保所有的东西已送到。

The numbers of pieces of luggage are confirmed with the guest to ensure everything has been delivered.

4. 询问客人意愿，将行李放置在何处："您是否想把行李放在行李架上？"

The guest is asked where he / she would prefer to have the luggage placed by asking "would you like the luggage to be place on the luggage rack?"

5. 根据客人的要求，帮助客人解开行李。

Offer assistance with unpacking, on guest's request.

6. 如果客人不在房间里，将行李放在行李架上。

If the guest is not in the room, place the luggage on the luggage rack.

7. 应将衣物袋挂在衣柜里。

Suit carriers are hung in the wardrobe.

8. 主动介绍房间内的设施。

Offer to explain facilities within the room.

9. 询问客人是否需要更多帮助，如拿东西到洗衣房进行熨烫。

Ask the guest whether any further assistance is required for, e.g. take something to the laundry for ironing.

10. 感谢客人并和客人告别。

Thank the guest and bid a pleasant farewell.

四、项目拓展

（一）复习旧知

1. 护顶服务的顺序是（　　）。

2. 行李员迎接客人的工作程序是（　　）。

3. 行李员目送客人离开，应站在汽车斜前方（　　）的位置？

A. 0.5～0.8 米　　　　B. 0.8～1 米　　　　C. 1～1.5 米　　　　D. 1.5～2 米

4. 以下不是门童上岗前准备工作的是（　　）。

A. 查看交班本　　　B. 检查卫生安全　　C. 检查仪容　　　D. 卸行李

5. 以下不属于护顶原则的是（　　）。

A. 雨下为客人撑伞　　　　　　　　　　B. 无须为佛教信仰客人护顶

C. 左手拉开门约 70°　　　　　　　　　D. 提醒注意台阶

（二）课后实践

观看视频，亲自到京京大酒店实地考察行李员及门童的服务程序。

酒店礼宾部实践表			
实践时间		实践地点	
实践人员			
实践过程			
实践收获			
酒店建议			
指导教师建议			

（三）书写作业

1. 请叙述礼宾服务（Concierge）的内涵。

2. 迎宾员（Doorman）在迎接和送别乘车散客时应注意哪些细节？

3. 酒店行李服务通常包括哪几个方面？其标准如何？

4. 散客行李服务程序是什么？

5. 专业术语汉英抄写。

（1）客人姓名与房间号码 Guest Name & Room Number
_____

（2）目的地 Destination
_____

（3）使用时间 Pick-up/Send-off/Car-rental Time
_____

（4）付费方式 Payment Method
_____

（5）车辆类型 Type of Car
_____

（6）用车时限 Duration
_____

（7）行李件数 Pieces of Luggage
_____

（8）保险箱 Safe Deposit Box
_____

前厅服务实训

复习旧知部分的答案

3. B。

4. D。

5. C

其余略。

项目四　接待服务

学习目标

知识与技能目标

1. 通过实训室模拟训练，掌握办理散客及团队入住登记的程序，处理总台接待服务过程中的常见问题。
2. 能正确为宾客提供换房、续住、延时退房服务。
3. 能准确进行客账管理、夜间审核、受理货币兑换。有良好的服务意识，礼貌待客，能有效与宾客沟通。有安全意识，能及时发现并处理安全隐患。

情感目标

通过客人与服务人员的角色扮演，掌握前台入住登记程序，在真实场景中再现服务环节。学生在做中学、玩中学。在紧张而又轻松、有趣而又具有挑战的过程中完成教学任务，学生在自身体验中收获知识与能力。

学习重难点

1. 散客入住的办理程序。
2. 商务行政楼层的接待程序。

学习准备

前台实训室、入住登记表、留言登记单、房卡、身份证。

学习过程

一、热身游戏

兔子舞（初、中、高三个版本）：

规则：

初级，两只手放在头顶，伸出食指和中指，口令"左左右右，前后，前前前后"，喊左的时候出左脚，喊右的时候出右脚，喊前的时候向前跳，喊后的时候向后跳。一边跳一边喊口令，口令要整齐划一。

现在我们要升级了，中级。围成圆形，后面的学员用双手搭在前面学员的双肩上。口令"左左右右，前后，前前前后"，喊左的时候出左脚，喊右的时候出右脚，喊前的时候向前跳，喊后的时候向后跳。一边跳一边喊口令，口令要整齐划一。跳三次。

高级，将右手从自己腋下穿过，左手抓住队友从腋下穿过的右手。口令一样，但在喊口令时，需要集体向后转，其他动作一样。挑战三次。

二、知识储备

（一）课程回顾

1.（　　）一般位于酒店前台的中央，是酒店的一个形象所在。
　　A. 接待处　　　　B. 大堂副理处　　　C. 电梯　　　　D. 行李处

2.Service一词中S的英文解释是（　　）。
　　A.See　　　　　B.Smile　　　　　C.Sand　　　　　D.Sun

3.哪两种类型预订只为客人保留客房到预订日期的下午六点？（　　）
　　A. 临时性预订　　　B. 确认类预订　　　C. 保证类预订　　　D. 接受类预订
　　E. 不能确定

4.前厅部是客人对酒店产生"最初印象"和留下"最后印象"的部门。（　　）

5.目前最常用的订房方式为电话、传真方式。（　　）

（二）案例导入

1.客人每周六都入住本店，上周六入住时已付了本周六的定金，门店按常规帮他保留了一间单人房，可是本周六，客人同行有三人要入住，此时门店已客满，无法给他安排，介绍其到其他酒店，他不接受，于是投诉，如何解决较妥当？

分析：要看客人支付的定金，是一间房还是两间，如果是一间房的定金，酒店只为客人保留一间，情有可原。出于协调解决的原则，酒店方面是否可以在一间客房内安排加床

（加床费照收），这样至少可以满足客人的需求；并承诺次日在有房的情况下，优先考虑他的需求。

2.陈老师暑期带孩子到杭州旅游，她通过携程网预订了金都酒店的标准间。几个小时的行程，母子俩顺利到达酒店，酒店紧临西湖。作为前台服务员王卉，该如何办理入住登记手续呢？

（三）工作任务活动设计

前厅接待服务工作是前厅部最重要、最核心的工作，从客人下榻酒店的那一刻起，为客人办理入住手续、调配房间、换房处理、结账服务等成为我们工作的核心。本项目的几个任务就是帮助学生完成这一系列的工作。

办理入住服务 处理换房服务

任务实训一：客房换房服务程序（标准示范）

	服务程序	接待员	客人
1	当客人来电投诉房间噪声太大时，要耐心周到地为客人提供服务	刘先生，请问我可以知道您的房间有什么问题吗？ Mr. liu, May I know what is the problem for the room, please?	房间的空调出风口声音太大了，没办法睡觉啊！ The air conditioning vent of the room is too loud to sleep!
2	为客人换房要选择离现在房间较近的房间。通知客房部将房间状态设为"坏房"，在电脑修改房间状态原因栏内输入：换房，以及客人姓名和现在的房间号码。通知服务中心和客房部变更信息。如果涉及房价变更的，换房单上应有客人的签名	非常抱歉，因为酒店设备问题给您带来了不便，我们立刻给您安排其他的房间。 We are very sorry to have caused you any inconvenience because of the hotel equipment problem. We will arrange another room for you at once.	行，赶紧安排吧。 All right, let's set it up.
3	通知客人前台已经预留好房间，保证客人对所选房间满意	对不起，刘先生，请问您准备什么时候换房呢？是否需要行李员帮助换房？ Excuse me, Mr. Liu, when would you like to change your room? And if assistance is required with luggage.	我现在就换，要不没法儿睡觉，最好让行李员来帮个忙。 I'll change now, or I won't be able to sleep. I'd better get the bellboy to help me.
4	如果客人需要行李员帮助，立刻通知礼宾部	好，刘先生，您的新房间号是2508，我们的行李员会帮助您把行李搬到新的房间。 Mr. Liu, your room number is 2508, our bellboy will assist you with your luggage.	行。 Ok.
5	将新房间的钥匙交给客人，并记得将原来房间的钥匙收回	刘先生，如果您还有其他需要请打电话给服务中心或房务中心。祝您晚安！ Mr. Liu, if you need anything else, please call the service center or the room service center. Have a good night!	好的，谢谢你啦！ Okay, thank you!

任务实训相关知识点一　受理散客入住

总台（Front Desk）负责接待各类抵店入住的客人，进行客人住店期间有关服务的协调，提供问讯服务，并为客人办理离店手续。

总台服务是酒店前厅服务的核心和关键，随着客人办理入住登记手续（Check in），酒店的收益流程也将展开。作为总台服务人员要做到热情、礼貌、周到，并熟悉业务，快速高效办理各项手续，使客人有宾至如归之感。

入住登记是前厅部对客服务全过程中的一个关键阶段，其工作效果直接影响前厅功能的发挥，同时，办理入住登记手续也是客人与酒店间建立正式的合法关系的最根本的环节。

若客人持有预订凭证，接待员则应礼貌地请其出示预订凭证的正本，注意检查客人姓名、酒店名称、住宿天数、房间种类、用餐安排、抵离日期及预订凭证发放单位的印章等。

若客人属未经预订而直接抵店，接待员应首先询问客人的住宿要求，同时查看当天客房的销售状况。若能提供客房，则请其办理登记手续；若不能接受，则应设法为客人联系其他酒店。

★前台办理散客入住工作的准备要求

（1）检查仪容仪表是否符合规范，工号牌是否佩戴正确，调节情绪，调整心态，热情微笑迎接宾客。

（2）检查计算机系统是否正常，刷卡机、验钞机、电话机等是否处于工作状态；准备好现金、磁卡、扫描仪、文具、钥匙卡、国内宾客住宿登记表。

（3）查看酒店当日预订到客名单和VIP客人名单，了解宾客信息，提前预制宾客住宿登记表；查看酒店房态，了解可售房类型及数量，熟知酒店信息。

★散客入住登记程序

接待的准备工作→热情问候宾客→识别有无预订→填写宾客住宿登记表→核对扫描证件、人脸识别→安排房间→收取押金或信用卡授权→制作房卡→提醒祝愿宾客→信息存储归档

★前台接待中的主要工作

（1）识别有无预订。

（2）填写宾客住宿登记表。

（3）合理排房。

（4）制作房卡。

（5）信息存储归档。

★ 排房的顺序

（后）无预订散客→普通预订客人并有准确航班号和抵达时间→要求延期离店的客人→已付定金的预订客人→重要客人和常客→团体客人（先）。

★ 商务行政楼层

四星级以上酒店大都设有商务行政楼层，通常隶属于前厅部。该楼层被称为"店中之店"，单独设有总台、会客室、咖啡室、报刊资料室、客人休息室及商务中心等，为入住该楼层的客人提供从预订到抵店、入住、离店等全方位服务，集酒店的前厅登记、结账、餐饮、商务服务于一身，为商务客人提供更为温馨的环境和各种便利，以使其享受更加优质的针对性服务。

★ VIP宾客迎送服务

VIP宾客迎送是酒店给VIP宾客的一种礼遇。门童应根据客房预订处发出的接待通知，做好充分准备。

（1）根据需要，负责升降某国国旗、中国国旗、店旗或彩旗等。

（2）负责维持大门口秩序，协助做好安全保卫工作。

（3）正确引导、疏通车辆，确保大门前交通畅通。

（4）讲究服务规格，并准确使用VIP宾客姓名或头衔向其问候致意。

任务实训二：未备好房入住程序

接待员：您好，先生，有什么可以帮到您？

客人：你好，我在你们酒店预订了房间。

接待员：您好，您是什么时候预订的，请问您的姓名是什么？

客人：我一周前就订好了。我姓刘，刘晓白。

接待员：好的，我帮您查一下。您预订了今天到后天3天的房间。不好意思，先生，由于近期会议比较多，客人上午刚刚退房，您的房间还没有打扫处理，现在是中午1点，大概下午3点以后才可以入住，您看是否先把行李放到行李房，先到大堂吧休息一下，我们可以提供免费的饮料。

客人：哦，这样啊，那下午3点肯定能入住吗？

接待员：我这就打电话给房务中心催促（打电话给房务中心）。先生，房务中心反馈下午3点钟，房间应该都可以出来。如果那时候还没有出来的话，我们酒店可以免费为您的房间升级为套房。

客人：嗯，行吧，那我先去餐厅吃饭，然后再到大堂吧等候吧。这些行李你先帮我放好，入住手续也办好吧！

接待员：好的，先生，请您出示身份证，并对着摄像头。

客人：好。

（下午3点）

客人：服务员，房间好了吗？

接待员：您好，刘先生，房间已经打扫好了，并且直接给您升级为家庭套房，房间是2308，非常抱歉耽误了您的时间。

客人：好好，没事，多谢你啊，你们的服务真到位。

接待员：不客气，刘先生，我们酒店3层还提供水疗按摩服务，1层有游泳健身中心，您可以去健身休息，减轻旅途劳顿。

客人：呦，那可太好了！我上楼休息一下，晚上就去水疗。

接待员：好的，刘先生，如果您还有什么需要，欢迎致电总台电话，房间号直接拨0就可以了。

客人：好的好的，谢谢你啊！

接待员：不客气，祝您入住愉快！

任务实训相关知识点二　受理团队入住

★前台办理团队入住工作的准备要求

（1）团队抵达前1~2天，接待员仔细核对预订处提供的团队成员以及"团队接待预订单"。

（2）根据出租情况和其他团队用房情况，及时合理分配房间。

（3）预先制作房卡并装袋。

（4）到达当天，再次确认房间房态。

★团队接待中的工作

填写团队人员住宿登记表→团队房间增减的处理→团队入住时，如有未打扫好的房间通知导游→将团队预订单交收银留存

任务实训三：办理入住服务程序

首先请第一组同学。

接待员：您好。

客人：你好，我在你们酒店预订了房间。

接待员：请问您贵姓？

客人：免贵姓王，王军。

接待员：是的，王军先生，您预订了一个标准大床间。请您和您太太填写住宿登记表。

客人：好的。

（客人填写完住宿登记表）

接待员：谢谢，王先生，请在这里签名。

客人：好的。

接待员：谢谢。王先生，请您和您太太把身份证给我看一看。

客人：给你。

接待员：谢谢。您是用现金结账吗？

客人：是的。

接待员：那您到前厅收银处预交押金，谢谢。

客人：好的。

（客人交完押金，返回接待处）

接待员：谢谢，王先生。这是您的房卡和钥匙，请在房卡上签名，谢谢。您的房间在16楼，行李员会带您上去的，祝您和太太住店愉快。

任务实训四：处理换房服务程序

客人：你好，服务员，我是3303的客人。我们是昨天入住的酒店，我们是两个大人带着一个孩子，孩子是5岁。昨天夜里孩子咳嗽不止，感觉是房间有点闷，空气流通不好，孩子本来就有哮喘的症状。能否麻烦你帮我们看看有没有通风好一点的房间，如果视野比较开阔一点的话就更好了。谢谢。

接待员：您好，先生。（边说边查一下客人的预订情况）我这里显示您预订的是2020年10月2日到10月5日的标准间，一共3天。我们的标准间基本上都是这个朝向的，房间大小也是一样。我们还有朝向非常好的海景房，室内面积也比标准间大一些，是52平方米的。价位要多100元，另外还有儿童主题套房，也是海景房，价位要多200元，每天会有免费的早餐提供，价值58元。您看您需要调换哪个？

客人：哦，这样啊，那我是京京酒店的VIP会员，是否还有更多优惠呢？

接待员：哦，是这样的，先生。如果您是VIP会员，我们还可以给您打到8折。

客人：哦，那很好啊，给我们调到那个儿童主题套房吧，我家里是男孩，有男孩子的主题套房吧？

接待员：有的，先生。我们针对男孩设计的小王子、鲁滨孙、狮子王的主题套房，您都可以带孩子选择一下的。如果您确定的话，我就给您调换了，之后，您确定选择哪个主题的再跟我说就可以了。

客人：那可太好了。我这就问一下孩子然后到你那儿拿房卡。

接待员：好的，先生。一会儿见。

客人：一会儿见。

任务实训五：办理入住服务程序

收银员：早上好，先生，欢迎来到京京大酒店，请问有什么可以帮助您的？

客人：是的。我预订了一间房。

收银员：好的，请问您是用哪个名字预订的？

客人：刘小白。

收银员：刘先生，麻烦借用下您的证件进行登记。

客人：给你。

收银员：刘先生，我们查到您现在预订的是一间标准的豪华大床房，我们位于行政楼层的房间刚好有一个促销活动。今天您只需要多支付××元，在您现在房间的基础上，就可以升级到我们酒店的行政楼层。行政楼层可以享受免费早餐和下午茶，还有儿童乐园和图书角。

客人：好的，那我就升级行政楼层吧，正好可以带孩子去玩玩。

收银员：我们相信您一定会非常满意您的选择。

收银员：刘先生，请问您是京京的会员吗？

客人：哦，我还不是会员。

收银员：（将会员的介绍册给客人）如果您加入会员俱乐部，将会享受各地京京酒店8折优惠，同时累计积分3 000分还有折上折与定期礼品赠送、房间免费升级等，同时在生日当天入住酒店享受半价优惠。及时为会员办理会员申请流程，确保客人成功注册会员。

客人：行，那我办个会员吧，手续麻烦吗？

收银员：不麻烦，我帮您办理，会员卡充值1 000元就可以，这次的费用可以直接抵扣。

客人：行，那就这样。

任务实训相关知识点三　处理入住变更

受理宾客换房：

（1）宾客换房的原因（客人提出，酒店维修）。

（2）换房处理的技巧（仔细了解原因，耐心说明情况）。

（及时处理换房，正确办理手续）。

受理宾客续住：

（1）提前离店，通知客房预订处。

（2）推迟离店，通知客房部、结账处。

（3）无法满足要求，解释获得谅解。

（4）提前与客人联系，问一下："您还续住吗？"

受理宾客延时退房：

（1）延迟退房三种收费情形（不加房费、半天房费、全天房费）。

（2）延时退房优先考虑给予VIP客人减免房费。

（3）凡客人需要延时退房的，由接待处发出"接待通知书"。

宾客换房服务程序：

（1）弄清（解释）换房的原因。

（2）介绍准备调换的客房情况，并确定换房时间。

（3）填写换房通知单。

（4）更改、修订其原有资料。

（5）将换房信息记录在客史档案卡。

（6）不能马上满足客人要求，说明，请谅解，做记录。

（7）酒店过错，道歉，耐心解释求谅解，升级客房。

宾客续住的服务程序：

查看客人续住期间的客房情况→记录下客人的房号及要求续住的日期→查看计算机，检查客人付款方式→旅行社散客或会议客人，告知续费→填写房间更改单。

★任务实训六：办理结账服务程序

收银员：您好，是退房吗？

客人：是的。

收银员：请给我您的房卡。

客人：给你。

收银员：谢谢。请问您有没有用过房间内的酒水？

客人：没有。

收银员：好的，请稍等。（致电客房中心要求查房，并打印制作客人账单）这是您的账单请您过目。

客　人：谢谢。（开始核查账单）

收银员：不用谢。

客　人：小姐，我没有在房间打过长途电话，为什么收我长途电话费？

收银员：对不起，请让我查一查。（核查电话记录）对不起，先生。这个电话确实是从您房间打出的，这里是详细通话记录，请您核对。

客　人：（核对电话记录）啊，我想起来了。我的一个朋友在我房间打过电话，这是他家里的电话。

收银员：请再仔细检查，看看还有没有其他问题。

客　人：（检查后）没有了。

收银员：好的，先生。请在账单上签名。谢谢。您用现金结账，是吗？

客　人：是的。

收银员：您入住时交了2 000元押金，住宿期间实际消费了2 236元。请您再支付236元。

客　人：给，这是300元。

收银员：（点收）100元，200元，300元。我一共收您人民币300元。这是找您的零钱：50元，60元，62元，64元。一共找您64元，请收好。

客　人：好的。

收银员：这是您的账单和发票，请您收好。

客　人：谢谢。

收银员：不用谢。祝您一路顺风。

客　人：谢谢，再见。

收银员：这是我应该做的。再见。

任务实训相关知识点四　受理宾客退房

总台账务处理：

（1）账户清晰。

（2）转账迅速。

结账服务程序：

（1）结账前做好准备工作。

（2）热情问候客人，询问房号。

（3）收回房卡和押金收据。

（4）通知楼层查房。

（5）委婉地问明客人是否有刚发生的消费费用。

（6）请客人审核、确认账单。

（7）收款，开具发票。

（8）道别。

货币兑换服务：

（1）货币现钞兑换程序。

（2）旅行支票。

夜审及营业报表编制：

（1）夜间审核。

（2）编制酒店客房营业日报表。

排房的方法：

客人类型	合适的客房	注意事项
VIP客人	同类型客房中方位、视野、景致、环境、设备保养等方面处于最佳的客房	1.内外宾有不同的语言和习惯，将内外宾分别安排在不同楼层。 2.敌对国家的客人尽量不要安排在同一楼层或相近的房间。 3.应注意房间号码的忌讳。 4.对于常客和有特殊要求的客人应予以照顾，满足其要求。 5.对预订房型不满意的客人，可安排升级住房
商务客人	房价较高且比较安静的客房	
度假客人	房价较高且比较安静的客房	
团队客人	尽量安排在同一楼层或相近的楼层，采取相对集中排房的原则。客房标准也要相同	
残疾人、老年人和带小孩的客人	离电梯较近的房间	
新婚或合家居住的客人	楼层边角有大床的客房或连通客房	

房态的种类：

住客房	OCC-Occupied
可售房	VC-Vacant Clean
走客房	VD-Vacant Dirty
长住房	LS-Long Sleep
贵宾房	VIP-Very Important Persons
请勿打扰房	DND-No Not Disturb
保留房	BR-Blocked Room
待修房	OOO-Out of Order
外宿房	S/O-Sleep-out
携带少量行李入住房	O/L-Occupied with Light Luggage
双锁房	O/L-Double Locked

住宿登记表：

房号	姓名	性别	年龄	籍贯		证件号码和名称
				省市	市县	证件名称

何地来___		去何地_____		到店时间_____		离店时间_____	
工作单位或家庭住址				职业	住宿原因	同住人关系	注意
							1. 退房时间中午12点。2. 贵重物品交接待处保管
预住　　天			付款方式				
房费　　元			预付　　元				

散客入住登记程序的六个步骤：

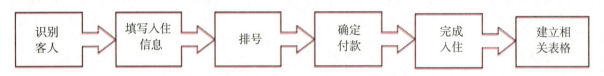

（四）活动测评标准

序号	实训项目	操作要领	评分	小组评价	教师评价
1	仪容仪表仪态	服装整洁，鞋袜洁净，头发、指甲符合职业要求，行走、站姿正确，行为规范有礼	10分		
2	主动迎宾	对客人微笑，行注目礼，用敬语问候客人	10分		
3	了解客人需求	礼貌询问客人有什么需要	20分		
4	分配房间或结账或调换房间	操作熟练，明确了解客人的要求，及时准确地提供服务和帮助	20分		
5	填写信息	正确填写入住、离店、换房信息	10分		
6	给予房卡或收回房卡	正确制作房卡、发放房卡、收回房卡	10分		
7	收取或退押金	押金数额收取、退还正确，正确开具押金收据或发票	10分		
8	道别	主动安排行李员，并做好有关交接工作	10分		
总分			100分		

三、岗位要求

1. Review, confirm and complete all reservation details in advance of guest arrival

在客人到达之前检查、确认和完善所有的预订详细信息。

2. Pre-register when guest profile is availablc to facilitate speed of check in.

如果有客人档案，进行预先登记以加快入住登记速度。

3. Review special needs and requests from the guest profile and ensure that preparations have been made accordingly.

根据客人档案审查特殊的需求和要求并确保依此做准备。

4. Make sure to use a ballpoint pen with the hotel Logo.

确保使用带有酒店 Logo 的圆珠笔。

5. Prepare a selection of local sights and shopping information.

为进行登记的客人准备各种当地景点信息及购物信息。

6. Check in should take maximum 7 minutes or at a pace to suit the guest.

入住登记不得超过 7 分钟或者按照适合客人的速度进行。

7. Registration completion should be efficient with queues not to exceed 3 guests.

登记应高效，排队不得超过 3 位客人。

8. Call for assistance when more than 3 guests are waiting at any time.

在任何时候，如果超过 3 位客人在等待，寻求协助。

四、项目拓展

（一）复习旧知

1. 以下排房顺序正确的一项是（　　）。
A. VIP 客人、团队客人、已付定金客人
B. VIP 客人、已付定金客人、无预订客人
C. 要求延期客人、团队客人、VIP 客人
D. 团队客人、普通预订客人、已付定金客人

2. 下列排房技巧中不正确的一项是（　　）。
　　A. 团体客人安排在不同楼层　　　　B. 内宾和外宾安排在不同楼层
　　C. 老年人安排在离电梯近的房间　　D. 不要将敌对国家客人安排在同一楼层
3. 以下属于换房处理技巧的是（　　）。（多选题）
　　A. 仔细了解原因　　　　　　　　　B. 耐心说明情况
　　C. 一般不能调换　　　　　　　　　D. 及时处理换房　　E. 正确办理手续
4. 四星级以上的饭店大都设有商务行政楼层，该楼层被称为"店中之店"，单独设有（　　）、（　　）、（　　）、（　　）、（　　）及商务中心。
5. 团队客人抵达前（　　）天，接待员应认真核对预订处提供的（　　），以及"团队接待预订单"中的每一项，如对团队住房数量、（　　）、（　　）、用餐情况、（　　）和联系电话等内容进行核实。

（二）课后实践

观看视频，亲自到京京大酒店进行实地考察与实践。

酒店入住服务实践表			
实践时间		实践地点	
实践人员			
实践过程			
实践收获			
酒店建议			
指导教师建议			

（三）书写作业

1. 案例分析：2021年11月9日，三口之家的客人被安排在1202房间，当入住酒店后发现房间都是烟味，而且窗户很难打开。客人提出换个无烟房。如果你是前厅接待员，你该如何处理？

2. 叙述客人入住登记的程序。

3. 叙述 VIP 客人入住登记程序与标准。

4. 叙述商务行政楼层的服务程序。

5. 专业术语汉英抄写。
（1）Guest Name 客人姓名
_____
（2）Type of Certificate 证件类别
_____
（3）Passport No. and Valid Date of Passport 证件号码及有效期
_____
（4）Nationality 国籍
_____
（5）Date of Birth 出生日期
_____

（6）Visa Type 签证种类

_____

（7）Visa No. 签证号码

_____

（8）Expiry Date of Visa 签证有效期

_____

（9）Permanent Address 家庭地址

_____

（10）Company Name & Address 公司名称及地址

_____

复习旧知部分的答案

1. B。
2. A。
3. ABDE。
4. （总台）、（会议室）、（咖啡厅）、（报刊资料室）、（客人休息室）。
5. （1~2）、（团队成员名单）、（到达日期）、（房价）、（结账方式）。

项目五　问询服务

学习目标

知识与技能目标

1. 掌握问询服务的注意事项，优质地为客人提供服务和帮助。
2. 掌握本地景点、特产、名吃、商场、交通等各类信息。

情感目标

具备优秀的语言能力、表达能力，且知识丰富，成为本市的大灵通。

学习重难点

1. 灵活从容地为客人提供各项问询服务。
2. 掌握多种知识，尤其是旅游知识，有丰富的知识和渊博的文化内涵。

学习准备

旅游图册、邮件、扩音器。

学习过程

一、热身游戏

口香糖的游戏：

过程：

大家用 10 秒钟的时间围成一个圆形，活动开始后要用小碎步跑起来。在跑的过程中，老师说"口香糖"，学生问"粘哪里"，老师说"粘脑袋"之类的各个部位，学生反馈"粘多少"，老师说粘几个，然后大家在最短时间内完成组合。如果有人找不到组织，或扎堆或粘错位置的，需要表演一个节目。

二、知识储备

（一）课程回顾

1. 放置两张单人床的房间属于（ ）。
   A. 单人间　　　　B. 标准间　　　　C. 大床间　　　　D. 套间
2. （ ）一般位于酒店前台的中央，是酒店的一个形象所在。
   A. 接待处　　　　B. 大堂副理处　　C. 电梯　　　　　D. 行李处
3. 拥有 200~500 间客房的酒店属于（ ）。
   A. 超大型酒店　　B. 大型酒店　　　C. 中型酒店　　　D. 小型酒店
4. 由连通的两个房间组成，一间为起居室、一间为卧室的客房属于（ ）。
   A. 单人间　　　　B. 双人间　　　　C. 标准间　　　　D. 套间
5. 与客人直接接触，服务接待要注意哪"三轻"？（ ）
   A. 说话轻　　　　B. 走路轻　　　　C. 操作轻　　　　D. 跑步轻

（二）案例导入

2021 年 9 月 20 日前台小王接到一位客人电话，询问京京大酒店的具体位置、距离火车站有多远、是否方便停车、周边有什么景点，而后又问到房价。如果你是接待员，面对客人的问询，如何给客人在电话中指路、介绍周围环境，并跟客人介绍酒店现行房价？

参考：京京大酒店普通标准间门市价 698 元，会员价 95 折，持有 VIP 卡折上 9 折，酒店在十一黄金周期间特别推出体验主题家庭套房，并且为客人提供免费送餐、洗衣、健身、叫早、宽带、电脑、数字电视等服务，附近有新澳海底世界、金沙湾浴场、金沙湾沙雕大世界、碧螺塔酒吧公园、猫的天空之城等景点，交通便利，距离火车站 7 公里，有大型免费停车场。欢迎您的到来！

（三）工作任务活动设计

客人在入住酒店的时间里，会有很多问题需要咨询前台，而作为前台接待问询就要做到无所不知，不仅是酒店内部环境、外部环境（包括名特产、名小吃、名景区），乃至各条道路都要了如指掌，这样才能为客人提供超值的服务。本项目就是做好充分的准备，应对客人的各种需要。

任务实训一：酒店问询服务程序（标准示范）

前厅部问询服务

	程序	问询员	客人
1	热情主动、微笑问好	您好，有什么可以帮到您吗？ Hello. Can I help you？	你好，我想问问附近有什么当地特色菜馆啊？ Hello, I would like to ask what is the local specialties around here？
2	耐心介绍，不急不躁	您好，这里附近有海鲜居，全是本地特色菜肴，也是本地人爱去的餐馆，价格实惠。还有如意海鲜、如意烧烤、刘家私房菜，味道都很不错。打车都是5分钟的车程。 Hello, there is a seafood house nearby, all local specialties, but also local favorite restaurants, affordable prices. There are Ruyi seafood, Ruyi barbecue, Liujia private house dishes, the taste is very good. It's a 5-minute taxi ride from here.	哦，我们正好想去尝尝当地的海鲜。那这里有什么比较好的景点吗？ Oh, we just want to try the local seafood. Do you have any good attractions here？
3	知识丰富，讲解细致	从这里坐公交车8路就可以直接到达求仙入海处，乘坐5路车30分钟可以到达北戴河鸽子窝公园、老虎石公园，附近有特色商品市场，景色宜人，正是饭后散步的好去处。 You can take bus No. 8 directly to the sea, and bus No. 5 takes you 30 minutes to Gezi Wo Park and Tiger Rock Park in Beidaihe, it's a great place to go for a walk after dinner.	哦，还挺近啊！那正好我们吃完饭就可以去溜达溜达，谢谢你啊！ Oh, that was close! Then we can go for a walk after dinner, thank you!
4	亲切道别	不客气，先生！您可以拿着这个游览图和酒店名片，回来打车比较方便。祝您玩得愉快！ You're welcome, sir! You can take this tour map and hotel business card, it is more convenient to take a taxi back. Have a good time!	哦，不错不错，你的服务真周到，给你点赞！ Oh, you're so good at your service. I like it！

任务实训相关知识点一　总台问询服务

前厅问讯处的服务项目包括解答客人的各种询问、提供留言、处理邮件以及收发保管客用钥匙等。

★有关酒店内部的情况介绍

通常涉及酒店各营业场所的服务信息，尤其是正在进行的营业推广、促销活动的信息，比如餐厅、酒吧所在位置、营业时间及促销内容，宴会、会议、展览会举办场所及服务时间，健身服务、洗衣服务、医疗服务、穿梭巴士服务等营业时间及收费标准等。问询员应该熟知以上信息，以便给予客人准确、肯定的答复。忌讳出现"可能在营业吧""大概14点闭店"的模棱两可的语言或否定词。对于不能即刻解答的问题，应通过请教他人或查阅资料给予客人答复。

★有关酒店外部信息介绍

涉及酒店所在城市的旅游景点及其交通情况，酒店所在地主要娱乐场所、商业中心、政府机关部门、大专院校以及企业所处位置及市内交通情况，国际国内航班情况，本地各宗教场所的名称、地址及开放时间等。问询员必须有广博的知识、流利的外语，熟悉酒店所在城市风光、交通情况，懂得交际礼节及各国、各民族风土人情及风俗习惯，做个有心人。为防止语言不通而给客人带来不便，问讯处可为客人准备一种向导卡（分别用英、日、中等三种文字标明酒店名称、地址、电话号码及客人要去的地方），以方便客人，使其不致迷路。

任务实训二：电话问询服务程序

我们请两组同学来进行问询服务的角色模拟训练。请三位同学到前台来分别扮演接线员、问询员、客人。

接线员：您好，秦皇岛中专大酒店。有什么可以帮到您？

客人：请转1818房间。

接线员：请问您找哪位？

客人：刘笑笑。

接线员：先生，对不起，1818房没有叫这个名字的客人。

客人：奇怪了，他明明给我这个房号啊，他今天刚刚住进来，肯定在你们酒店。

接线员：这样吧，我帮您转问讯处，请他们帮您查找。请不要挂电话。

客人：好吧。

问询员：您好，问讯处。

客人：您好。我想找一个叫刘笑笑的客人，你能告诉我他住哪间房吗？

问询员：对不起，先生。没有客人的允许，我们无权透露他们的房间号码。

客　人：没关系，替我接他房间电话也行。

问询员：好的，请问您贵姓？

客　人：我姓李。

问询员：请稍等，李先生。（查询客人房号并致电住客）对不起，李先生。刘先生房间没人听电话。您需要给他留言吗？

客　人：好的，请他给我打电话。他知道我的电话号码。

问询员：李先生，请问您的全名是……

客　人：李佳佳。

问询员：好的。李先生，我会转告刘先生给您回电话的。

客　人：谢谢。再见。

问询员：不用谢，再见。

任务实训三：酒店内部介绍训练

将学生分成5个组，根据分工每组搜集图片、文字，并制作成PPT，在下次课由各组同学上台展示。

一组：各个餐厅、酒吧所在位置、营业时间及餐厅风格特色。

二组：宴会、会议、展览会举办场所及服务时间。

三组：健身中心服务、SPR服务、美容美体等介绍。

四组：洗衣服务、医疗服务等营业时间及收费标准。

五组：酒店可以免费代办的业务及旅行社信息等。

★有关住客信息查询

有关住客查询通常应在不触及客人隐私的范围内进行回答。问询员应首先从计算机中查看客人是否入住本酒店，然后确认其房号，接着向客房打电话，与客人取得联系，将有人来访的信息告诉住客，经客人同意后才可将房号告诉来访者。如客人不在客房内，可视情况通过呼叫等方法在酒店公共区域帮助来访者寻找被访的客人。绝不能未经住客许可，便直接将来访者带入客房或直接将房号告诉来访者。酒店必须注意保护客人的隐私，确保住客不受无关人员或不愿接待的访客的打扰。

为了做好问询服务，问讯处应该备有多种资料和工具书，问询员平时多储备知识，以备需要时使用例如，最新的交通时刻表、世界地图、全国地图、本市地图、旅游景点宣传册、酒店宣传册、当地影院（剧场）的节目表、酒店当日促销活动安排表等，以及各大酒店、景区、娱乐项目的官网。

任务实训四：酒店外部介绍训练

课程设计：将学生分成9个组，根据分工每组搜集图片、文字，并制作成PPT，在下次课由各组同学上台展示。

一组：秦皇岛风土人情介绍。

二组：秦皇岛的交通情况。

三组：北戴河的旅游景区简介。

四组：山海关的旅游景区简介。

五组：秦皇岛的旅游景点介绍。

六组：本地所有的特色小吃。

七组：本地有名气的餐馆介绍。

八组：本地有名的商场、电影院、咖啡厅、体育馆、展览中心简介。

九组：本地的街区、医院、高等院校、政府机关。

示范：

★秦皇岛的风土人情

秦皇岛曾获国家园林城市、全国十佳生态文明城市、中国北方最宜居城市、中国最佳休闲城市、中国最具爱心城市、中国最具幸福感城市等荣誉。秦皇岛曾协办北京亚运会和北京奥运会，是中国唯一协办过奥运会和亚运会的地级市。

东与辽宁省接壤，西与京津唐相邻，北临承德，全国性综合交通枢纽，中国首批沿海开放城市，位于河北省东北部，南临渤海，北依燕山，东接辽宁，西接京津。下辖海港区、山海关区、北戴河区、抚宁区、昌黎县、卢龙县、青龙满族自治县。

作为世界大港，这里高楼林立，巨轮如梭，尤其是入夜后，港湾的灯火令人迷离，锚地上静卧的艘艘巨轮、海面上的光柱、空际的星月，交相辉映，装点得整个港湾宛如一个童话世界。

秦皇岛是国家历史文化名城，因秦始皇东巡至此派人入海求仙而得名，是中国唯一一个因皇帝帝号而得名的城市。秦皇岛是中国近代旅游业的发祥地，汇集了丰富的旅游资源，气候温和，是驰名中外的旅游休闲胜地，有"天堂之城"的美誉。

昌黎、抚宁、青龙三县被国家林业和草原局确定为全国经济林建设先进县；昌黎、青龙两县及山海关区还被国家林业局分别授予"中国葡萄之乡""中国苹果之乡""中国大樱桃之乡"的称号。昌黎地秧歌是河北省最具代表性的汉族民间舞种之一，分布在河北省昌黎、卢龙、抚宁、乐亭、滦县、滦南等地。它最早产生于元代，一直流传至今。昌黎地秧歌以在地面上轻快自如、自由灵活地扭动，做出比较细腻、风趣的戏剧性表演见长。

昌黎民歌是昌黎人民世代承传的一种地方民间小调，演唱内容分为"劳动号子""故事传说""爱情"和"生活"四类。2008年6月7日，河北省昌黎县申报的"昌黎民歌"经国务院批准列入第二批国家级非物质文化遗产名录。

"孟姜女哭长城"是中国民间四大爱情故事之一。孟姜女哭长城的传说，发生在河北北部的万里长城脚下，千百年来，一直在民间流传。

板厂峪景区内发现了80多座明长城砖窑群遗址，是21世纪河北省重大考古发现，也是震惊中外考古界的重大发现。

★秦皇岛的旅游景区介绍

1. 秦皇求仙入海处

秦皇求仙入海处位于秦皇岛市海港区东南部，秦皇岛古属碣石地域，因秦始皇东巡驻跸于此而得名。据《史记·秦始皇本纪》记载，秦始皇于公元前215年东巡碣石——秦皇岛，并在此拜海，先后派卢生、侯公、韩终等两批方士携童男童女入海求仙，寻求长生不老药。明宪宗成化十三年，立"秦皇求仙入海处"石碑一座，以纪圣境。

整个景区占地19公顷①，古树参天，兼具深厚的文化内涵，景区建设融古建筑、园林、雕塑艺术为一体，以秦始皇东巡求仙为主线，展示了战国时期七雄争霸的历史背景。景区由秦风阙门、始皇碣石行大型群雕、战国风情、求仙殿、求仙路、求仙苑、仙人祠等景点组成。

2. 集发农业梦想王国

集发景区占地面积约1 400亩②，整体区域分为入口服务区、亲子游乐区、自然休闲区、农科体验区、主题乐园区、绿色餐饮区六大主题区域。改造提升后的新集发将为游客提供愉悦的亲子时光和多样化的互动体验，成为集农业科技展示、农业科普教育、娱乐体验互动等多功能于一体的综合性旅游AAAA级景区。

---

① 1公顷=10 000平方米。

② 1亩≈666.67平方米。

3. 冰糖峪长城风情大峡谷

冰糖峪长城风情大峡谷风景区（AAA）地处明长城脚下，北依燕山，南为丘陵。这里峡谷幽深狭长，植被丰茂，奇峰怪石，香花异草，原始森林错落有致，被誉为"北方小九寨"。这里山有风景，水有灵性，食有佳肴，住有情调，购有特产，娱有乐趣。有一奇、二怪、三仙、四美、五福临门。是一处以奇特山景、青绿的水景为特色并依托历史古迹——万里长城为主题特色的自然风景名胜区。

4. 渔岛

渔岛位于中国巨美八大海岸之一北戴河新区黄金海岸中部，拥有天然优质的原生态海滩浴场，水清滩黄、沙软潮平。距胜地北戴河仅30公里，因其盛产鱼、虾、参、贝，以鱼为主，故名渔岛。景区划分为五大区域：多彩观光区、激情表演区、动感娱乐区、海滨浴场区、温泉度假区。一年四季给你随心所欲的畅玩体验。乘船入岛，沙雕观赏，滑沙滑草、滑草冲浪（渔岛的滑草冲浪没有大海的涨潮落潮限制，随时都可以滑）。

5. 阿那亚礼堂

海边礼堂给了人对美好的所有幻想。来到海边，首先映入眼帘的就是洁白的尖尖的房子，背靠湛蓝的大海，四周空旷，显得格外静谧神圣。去礼堂也是非常方便的，乘坐社区巴士到礼堂，下车后沿着小路往里走就能看到海洋、沙滩做衬的白色礼堂了。游客进入礼堂需要提前预约。礼堂内部禁止拍照，你可以坐下来，闭上眼睛，静静听着礼堂的音乐夹杂着海的声音，涤荡人心。

6. 祖山

山势跌宕，峰峦陡峻，因渤海以北、燕山以东诸峰都是由它的分支绵延而成，故以"群山之祖"名之。四时各呈佳丽姿容——春季，繁花铺锦，百鸟汇唱；夏季，风清气爽，云蒸霞蔚；秋季，醉叶溢丹，果香扑鼻；冬季，银装素裹，玉树琼花。它位于秦皇岛市西北部，青龙满族自治县境内，最高海拔1 428米，规划总面积118平方公里，森林覆盖率为96%。

7. 秦皇岛园博园

本届园博会以"山海港城·绿色梦想"为主题，秉承生态环保、文化传承、创新引领、永续利用的原则，依托秦皇岛厚重的历史文化积淀和栖云山优美的自然环境资源，倾心倾力打造一个集中外园林艺术精华和浓缩河北省各地特色的精品园博园。总面积2 000亩，园内绿地面积达到1 032亩，共种植各种乔木6万余株、各类植物636种。这里，白天可观赏园艺，畅游在青草绿树百花之中；晚上可感受夜景，沉醉在缤纷霓虹光影世界之中。

这里是园林精品园、生态优美地、文化展示区、旅游新景点，是游客和市民的好去处。

★北戴河的旅游景区简介

1. 北戴河

景区地处秦皇岛市北戴河区东部沿海，是国家AAAA级旅游景区，有6 600多公顷森林，被国际湿地保护组织命名为"北戴河湿地"，受到国家保护，成为从西伯利亚、中国北部与中国南部、菲律宾、澳大利亚之间迁徙之候鸟的一个驿站。春秋两季，候鸟迁徙，丹顶鹤、白鹳等成群结队从空中飞过，且飞且鸣，成为一大奇观。

2. 鸽子窝公园

景区位于北戴河海滨的东北角，是秦皇岛市北戴河风景名胜区四大景区之一。在鸽子窝观日出时还常常可见到"浴日"的奇景。游鸽子窝最吸引人的项目是观日出。因毛泽东题词《浪淘沙·北戴河》而闻名遐迩。20世纪90年代末，被确定为国家级鸟类自然保护区。

3. 南戴河景区

园内主建筑碧螺塔为海滨东山地区最高点，塔高21米，共分七层，是世界上独一无二的海螺形螺旋观光塔，登塔远眺"秦皇岛外打鱼船"，海上风光尽收眼底。公园三面环海，形似半岛，海域礁石错落，适宜浮游生物生长，因此各种鱼、虾、蟹、海参等海洋生物极其丰富，是天然的垂钓宝地。一代伟人邓小平曾到此垂钓，园内有政府部门竖立的"邓小平钓鱼处"纪念碑。公园被北戴河区旅游局指定为海上垂钓基地、海上潜水基地、沙滩篝火晚会基地。公园每晚举办沙滩篝火晚会、啤酒沙龙和各类演艺活动，以及海上垂钓、海上迪吧、海上美食广场等特色海上项目。

4. 仙螺岛

仙螺岛位于碧海金沙的南戴河近海1公里处，是依据民间海螺仙子的美丽传说而建，该岛由1 038米的索道连接岛屿海岸。游人乘跨海索道可游览海螺仙子、三道关、海中海、海中喷泉、七星灵石、观海长廊、仙螺阁、临海栈道等造型古朴典雅的景观。登岛后乘电梯到达高56米的观光游乐塔上观看南戴河全景，体验海上蹦极、海上漂流和海上跳伞的惊险和刺激。

5. 南戴河国际娱乐中心

南戴河国际娱乐中心属于南戴河旅游度假区三小区省级森林公园，总占地面积380公顷，其中，陆域面积200公顷，海域面积180公顷，是一处充分利用海水、沙滩、山丘、森林等自然资源，集休闲、娱乐、观光、健身于一体，内涵颇为丰富的滨海旅游景区。

6. 联峰山公园

联峰山公园又称莲蓬山公园。位于北戴河海滨中心西部，景区占地6 000多亩。公园始建于1919年，是北戴河最大的森林公园，以登山览胜、林中探幽、寻史访踪、氧吧洗肺为特点，原有的地形地貌和植被保存完好，因毗邻大海，林中负离子含量极高，为国家AAAA级景区。

★山海关的旅游景区简介

1. 老龙头

老龙头坐落于河北省山海关城南4公里的渤海之滨，是明长城的东部入海处，向东接水上长城九门口，入海石城犹如龙首探入大海，弄涛舞浪，因而名"老龙头"，是国家AAAA级旅游景区。老龙头地势高峻，有明代蓟镇总兵戚继光所建"入海石城"。最为著名的建筑当属有"长城连海水连天，人上飞楼百尺巅"之称的澄海楼。

2. 角山长城

秦皇岛角山长城景区是万里长城出关后翻越的第一座山，因形似龙角而得名。秦皇岛角山长城景区距古城山海关北约3公里，系燕山余脉，是关城北山峦屏障的高峰，海拔519米。其峰为大平顶，平广可坐数百人，有巨石嵯峨，好似龙首戴角，故名。秦皇岛角山长城景区是万里长城从老龙头起，越山海关，向北跨越的第一座山峰，所以人们又称它为"万里长城第一山"。

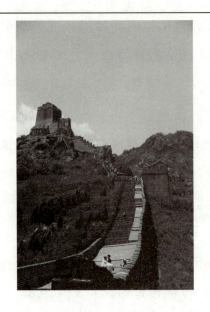

3. 长寿山

秦皇岛长寿山位于秦皇岛市山海关区，是国内知名旅游景区。包括悬阳洞、神医石窟、摩崖石刻、寿字碑林、石门胜景等景观，令人流连忘返。从山名可以看出，此地的风景与"寿"有关，尤其是景区中部寿山上的寿字碑林，大大小小形态各异的石块上刻着历代书法家所写的"寿"字，字体不同，风格迥异，如王羲之、颜真卿、欧阳询、米芾、苏东坡等都在这里留下了墨宝，这一处碑林也就成了书法爱好者向往之地。

4. 燕塞湖景区

山海关燕塞湖，因地处燕山要塞而得名，位于山海关城西面3.5公里处，生态环境优美典雅，是长寿山国家森林公园和秦皇岛柳江国家地质公园的重要组成部分。山海关燕塞湖距山海关火车站6公里、秦皇岛火车站10公里，交通方便，是秦皇岛市旅游开发较早的景区之一，为国家AAAA级景区，年接待游客数十万人次。

5. 孟姜女庙

孟姜女庙是国家首批 AAAAA 级景区，在山海关城东 4 公里外的凤凰山上，绿树掩映，红墙素瓦，建筑古朴，风格独特。因中国古代四大民间传说而建。

★秦皇岛的风味名吃

1. 戴河香海鲜大馅饺子

皮薄馅满，色泽光亮，美观大方，配料多样，汤汁适口，鲜香不腻，诱人食欲，唇齿留香，回味无穷，营养丰富。

2. 绿豆糕

是秦皇岛山海关特有小吃，入口即化，口感细腻，深受当地人及游客欢迎。

3. 麻酱烧饼

是秦皇岛著名的特产小吃、风味美食。色泽微黄，层次分明，麻香醇正，松软适口。

4. 长城饽椤叶饼

是山海关区汉族传统面食之一，山海关人人都爱吃的小吃。相传明朝将领戚继光率领以浙江人为主力的戚家军镇守山海关，北方粗粮较多，戍边士兵生活艰苦，因此有人利用每年五月长城沿线饽椤叶鲜嫩时机，制成饽椤叶饼，粗粮细做，改善生活。

5. 粉鸽子

一般更普遍的叫法是鸽子，是秦皇岛市的一种食品名称，所谓粉鸽子就是用绿豆面贴在锅里，做成的圆圆的很薄很薄的薄饼，可以炖着吃、炒着吃、炸着吃、蒸着吃，非常有益于身体健康。

6. 四条包子

秦皇岛有名的特产小吃、风味美食。因四条包子的老店开在古城山海关的四条这条街上而得名。现由秦皇岛市山海关四条包子餐饮有限公司专营。四条包子外观精美，口味独特，味醇不腻，是当地久负盛名的快餐食品。

7. 圆笼蒸饺

赵家饺子馆包的圆笼蒸饺，皮薄馅大，香而不腻，水灵可口，是昌黎闻名遐迩的地方传统食品。昌黎赵家馆，位于昌黎县城鼓楼东大街，始创于1921年，创始人赵福元（1907—1996年）是一代著名的饺子大师。

8. 烤大虾

中、西餐主要菜肴之一。原料以北戴河的海虾为主，精工细做之后，再辅以适量汤汁，其造型生动、色泽艳丽、香味醇厚，由于虾体较大，故肉质细嫩、营养丰富。

9. 北戴河杨肠子火腿肠

始创人杨庭珍曾在山东济南给一个德国老板马斯萨兹制作火腿肠，1932年，杨庭珍与人在天津合开"胜利肠子铺"。1941年"胜利肠子铺"迁至北戴河海滨，从那时起"杨肠子"即作为杨庭珍的艺名而名扬四方。成品肠鲜香浓郁，口感独特，回味悠长。

10. 蒸焖子

颇受秦皇岛人欢迎的一道菜，香滑适口，富有弹性。

11. 海鲜烧烤

秦皇岛人最爱吃海鲜，盛夏的晚上，坐在街边的大排档里，一口海鲜一口啤酒，那滋味真是妙不可言。

12. 山海关浑锅

老山海关人最爱的美食，火锅多为铜制，中间烧木炭。先将肉汤倒入锅中煮沸，然后将粉丝、牛羊肉片、酸菜、焖子等层层放入锅内，边煮边吃，又鲜又香，让人欲罢不能。

13. 青龙老豆腐

最具秦皇岛特色的代表菜，制作时泡豆、磨豆、煮豆、点豆都很有讲究。值得一提的是，与水豆腐用石膏点制有所不同，青龙老豆腐点豆所用的卤水是从海水中提炼出来的。

14. 盐水皮皮虾

秦皇岛的主要海产品之一，每年的4—6月肉质最为饱满，是老少皆宜的风味佳品。制作时将生抽、醋、姜末、葱花调成蘸料备用，在沸水里加盐和花椒，皮皮虾入锅后中火煮六七分钟，虾变成红色即可。

15. 清蒸梭子蟹

秦皇岛的梭子蟹个头较大，身形扁长，为浅青色，当地又称其为"大海蟹"，深秋的海蟹体大肉肥，最重可达1斤[①]左右。

---

① 1斤=0.5千克。

16. 昌黎赵家馆饺子

久负盛誉的赵家馆饺子是昌黎县传统的老字号风味食品，始创于1921年，其特点是选料讲究、味道鲜美、香而不腻、水灵可口。

★秦皇岛的购物广场、商场

1. 秦皇岛新天地购物广场

位于秦皇岛市海港区太阳城正阳街5号，公司成立以来发展迅速，业务不断发展壮大，主要经营购物，企业实力雄厚，保证产品质量，以多品种经营特色和薄利多销的原则，赢得了广大客户的信任。

2. 太阳城商业区

海港区规模最大的商业设施群，位于秦皇岛市中心黄金地段，拥有27栋单体商业楼，商业区区位优势明显，有近20条公交线路到达，交通便利。商业区与周边的金原、天华、商城、华联、秦皇小区等大型酒店、商场及高档住宅小区，形成城市中心商务圈，人流、商流、物流、信息流活跃，商业氛围浓厚。

3. 茂业百货

秦皇岛的大型百货连锁企业，包括现代购物广场、金都购物广场、华联、茂业天地等大型商场，是具有领导地位的百货连锁企业，成立于1996年，它凭借在深圳的影响力和美誉度，成为深圳在全国的一张商业名片，跻身国内著名的大型百货商业企业行列。以"百货经典，时尚之都"为经营定位，与国内外知名品牌合作，领导国内百货业潮流。2008年5月茂业百货（0848）成功在香港联交所上市，首次融资近30亿元，成为国内市值最大的百货公司。十多年来，茂业百货从深圳走向全国，加快了在全国重点城市连锁经营的发展步伐。

4. 秦皇岛乐都汇购物中心

隶属于央企华润集团旗下的华润置地，位于海港区河北大街中段与文化路交叉口。主力店华润万家超市、必胜客、肯德基、星巴克、百丽集合店、滔搏运动城、金逸影城等，是集购物、休闲、娱乐、美食于一体的一站式购物中心。

5. 供销大厦

大型老牌商场，地处金三角黄金商业区，主要经营服装、服饰、鞋帽、饰品、食品等。环境优美，交通便利，物美价廉，客流量大，深受广大消费者的喜爱，引领时尚潮流。

6. 秦皇岛兴龙广缘连锁有限公司

简称"兴龙广缘"，是秦皇岛兴龙投资控股有限公司旗下的全资子公司，成立于2001年。目前已成功开发出具有兴龙广缘特色的大型购物中心、综合超市、标准超市、社区店和便利店五种不同的运营模式，全市范围内已拥有门店40余家，公司经营商品品种涉及食品、日用品、服装、小家电、图书等10万余种，拥有员工5 000余人，年销售额超过15亿元。

7. 秦皇岛世纪港湾购物广场

位于秦皇岛市海港区秦皇东大街环岛西侧，总建筑面积为18万平方米，于2015年12月19日开业，主营业态覆盖快时尚、生活配套、影院电玩、潮流精品、时尚服饰、餐饮美食、生活配套等，共160余家商户，其中餐饮商户45家，拥有肯德基、麦当劳、星巴克、必胜客、水货、小猪猪等多家国际国内知名品牌，平均日客流量达5万人次。作为港城首家集购物、餐饮、娱乐、休闲于一体的体验式综合商业体，世纪港湾是目前港城最大的购物中心，是唯一拥有3万平方米停车场的商业综合体。

8. 万达广场

2019年11月21日开业的万达广场，位于海港区燕山大街南侧、西港路东侧，项目总用地面积9.3万平方米、总建筑面积约56.5万平方米，由万达时尚购物城、城市书房、创智天地、伊顿公馆、伊顿幼稚园、英伦风情街、海德公园七大主题部分组成，配备近1 000个停车位。

秦皇岛万达广场定位为城市全客层购物中心，涵盖时尚服饰、餐饮美食、儿童娱乐、特色体验、潮流精品五大业态，引进220余家品牌，其中数十家是首次进驻秦皇岛，万达影城、大玩家、永辉超市、星巴克、通灵珠宝、汉拿山、咖曼菲尔、比格比萨、棱镜密室逃脱、酷蹦蹦床公园等品牌备受欢迎。

任务实训相关知识点二 留言服务

★访客留言

访客留言是来访客人对住店客人的留言。问询员在接收这个留言的时候，应该请访客填写访客留言单，将被访问者客房的留言灯打开，将填写好的"访客留言单"第一联放入钥匙邮件架内，第二联送到电话总机处，第三联交给行李员，使其送到客房。那么客人可以通过三种途径获知访客留言内容。

★住客留言

住客留言是住店客人给来访客人的留言。客人离开客房或酒店时，希望给来访者留言，问询员应该请客人填写"住客留言单"，一式两联。问讯处与电话总机处各保存一联。如果客人来访，问询员或话务员可以将留言内容转告来访者。由于住客留言单已经注明了留言内容的有效时间，如果错过了有效时间，没有接到留言者新的通知，可以将留言单作废。为了确保留言的准确性，尤其在受理电话留言时，应注意掌握留言要点，做好记录，并向对方复述一遍，得到对方的确认。

任务实训相关知识点三　邮件的处理

前厅问讯处提供的邮件服务包括两类：一类是分拣和派送收进的邮件，另一类是为住客寄发邮件。由于问讯处负责分发、保管所有的客房钥匙，所以分拣的邮件可以直接转交给客人。现在很多酒店配有机器人，由机器人将邮件直接送到客人房间。

★分拣和派送收进的邮件

收进的邮件由于收件人不同，问询员应首先进行分类，将客人的邮件留下，其余均派行李员发送给收件人或另作处理。要求问询员必须耐心、认真、细致。

★为住客寄发邮件

要清楚地记录客人发送邮件的详细地址、对方的联系方式、客人的联系方式，并告知客人所需要的费用，可以记在客人的账单上。如果有回执要送给客人。

注意事项：

（1）在收进的客人邮件上打上时间，按性质分类。

（2）按收件人姓名找到房号，写留言单并通知客人。

（3）客人得到信息来取件，问询员签字。

（4）客人取走后，撤掉留言单。

（5）在住客中找不到收件人，问询员查阅当日抵店客人名单。

（6）若查不到收件人，问询员应核对离店客人名单。

（7）若仍然查不到收件人，按字母顺序排列存放在信箱内。

（8）挂号、快递，尽快转交客人。

（9）错投类邮件，说明原因，集中由邮递员取走。

（10）对于"死信"，问询员应退回邮局或销毁。

（11）对于手送类邮件，问询员做记录。

访客留言单

房号＿＿＿＿＿＿＿＿＿＿＿＿＿＿＿＿＿＿

当您外出时＿＿＿＿＿＿＿＿＿＿＿＿＿＿＿

电话＿＿＿＿＿＿＿＿＿＿＿＿＿＿＿＿＿＿

有电话找您＿＿＿＿＿＿＿＿＿＿＿＿＿＿＿

将再来电话＿＿＿＿＿＿＿＿＿＿＿＿＿＿＿

请回电话＿＿＿＿＿＿＿＿＿＿＿＿＿＿＿＿

来访时您不在＿＿＿＿＿＿＿＿＿＿＿＿＿＿

将再来看您＿＿＿＿＿＿＿＿＿＿＿＿＿＿＿

留言＿＿＿＿＿＿＿＿＿＿＿＿＿＿＿＿＿＿＿＿＿＿＿＿＿

＿＿＿＿＿＿＿＿＿＿＿＿＿＿＿＿＿＿＿＿＿＿＿＿＿＿＿＿＿

＿＿＿＿＿＿＿＿＿＿＿＿＿＿＿＿＿＿＿＿＿＿＿＿＿＿＿＿＿

＿＿＿＿＿＿＿＿＿＿＿＿＿＿＿＿＿＿＿＿＿＿＿＿＿＿＿＿＿

经手人＿＿＿＿＿＿＿＿＿＿ 日期＿＿＿＿＿＿＿＿＿＿ 时间＿＿＿＿＿＿＿＿＿＿

（四）活动测评标准

序号	项目	分值	1组	2组	3组	4组	5组	教师评价
1	资料准备	20分						
2	课件制作	20分						
3	团队合作情况	20分						
4	表达能力	20分						
5	综合素质	20分						
6	总分	100分						

三、岗位要求

1. 在大堂大声叫嚷、玩手机和在公共区域做私人的事情（清喉咙、剪指甲、擤鼻涕）都是不礼貌的。

Shouting across the lobby, having your mobile phone exposed and attending to personal things in public（clearing throat, cutting fingernails, blowing nose） are not deemed courteous.

2. 应称呼客人的姓，而不是称呼客人的名。

The guest should be addressed by his surname, not by his first name.

3. 确保客人不会一起拥挤在前台，并确保你和客人的交谈不会轻易被其他客人听到。

Ensure that guests aren't crowded together at the desk and that your conversation isn't easily overheard by other guests.

4. 随时给予客人你的专注。

Give the guest your undivided attention at all times.

5. 肢体语言（面部表情、姿势、点头）都可以表现你的专注。

Body language （facial expression, posture, nodding of the head） indicates to the guest that you're paying attention to them.

6. 当你的同事在问客人问题的时候，请不要打断他们。

Do not interrupt your colleagues while they are with a guest by asking questions.

四、项目拓展

（一）复习旧知

1. 以下属于前台问讯处的服务项目的是（　　）。（多选题）

A. 解答客人各种询问　　　B. 提供留言服务　　　C. 处理邮件

D. 物品转交　　　　　　　E. 收发保管客用钥匙

2. 下列属于问询服务内容的是（　　）。（多选题）

A. 饭店内部情况介绍　　　B. 饭店外部情况介绍

C. 住客信息查询　　　　　D. 收取房费　　　　　E. 发放邮件

3. 为了做好酒店问询服务，问询员应准备多种资料和工具书，例如有（　　）。（多选题）

A. 餐厅菜单

B. 世界地图

C. 交通时刻表

D. 当日报纸

E. 旅游景点宣传册

4. 前厅问讯处受理的留言主要有两类：（　　）和（　　）。

5. 问讯员在接受访客留言时，应请访客填写（　　），将第一联放入（　　），第二联送（　　），第三联交（　　）送往客房。

（二）课后实践

观看视频，亲自到京京大酒店看问讯处的服务标准。

酒店问讯处实践表				
实践时间		实践地点		
实践人员				
实践过程				
实践收获				
酒店建议				
指导教师建议				

（三）书写作业

1. 准备关于秦皇岛名胜古迹的介绍词。

2. 写一段关于酒店内部设施设备的介绍词并录制视频发到学习通作业。

3. 两人一组进行酒店外部环境介绍的模拟练习并发到学习通。

4. 专业术语汉英抄写。

（1）确认客人的退房时间 Clearing Expected Departures

_____

（2）酒店保险箱使用条例 Safe Deposit Box Procedure

_____

（3）现金处理 Cash Handing Procedures

_____

（4）账单超额处理 High Balance Report

_____

（5）合理地安排房间 Control of Room Inventory

_____

（6）客人在退房时的要求 Guest Check out Queries

_____

（7）客房分配 Group Room Allocation

_____

（8）团队办理入住 Group Check in

_____

（9）房态差异 Room Discrepancies

复习旧知部分的答案

1. ABCDE。
2. ABC。
3. BCDE。
4. （访客留言）、（住客留言）。
5. （访客留言单）、（钥匙邮件架内）、（电话总机组）、（行李员）。

项目六　收银服务

学习目标

知识与技能目标

1. 熟悉总台收银和结账服务的主要内容。
2. 能够熟练操作收银工作。

情感目标

培养一丝不苟、谨慎小心的优良工作习惯，保持高度的自觉性和清晰的工作思路，为今后成为优秀的前厅部员工做好准备。

学习重难点

熟练操作收银系统，学会与客人交流和沟通。

学习准备

前台、收银台、收银机、电脑、登记表。

学习过程

一、热身游戏

可怜的小猫：

方法：

1. 全体围坐成圈，抽签决定谁当小猫（坐在中间）。

2. 小猫走到任何一人面前，蹲下学猫叫。面对者要用手抚摸小猫的头，并说："哦！可怜的小猫。"但是绝不能笑，一笑就算输，要换当小猫。

3. 抚摸者不笑，则小猫叫第二次，不笑，再叫第三次，再不笑，就得离开找别人。

4. 当小猫者可以装模作样，以逗对方笑。

二、知识储备

（一）课程回顾

1. 前厅部是客人对酒店产生"最初印象"和留下"最后印象"的部门。（　　）

2. 目前最常用的订房方式为电话、信函方式。（　　）

3. 如有客人来访，要见保密的客人时，问询员应以该客人外出为由予以拒绝。（　　）

4. 对于团体住客，一般应设两个账户：主账户和分账户。（　　）

5. 贵重物品保险箱是酒店为住店客人有偿提供临时存放贵重物品的一种专门设备。（　　）

6. 利益引诱法，是对已预订到店的客人，采取给予一定附加利益的方法，使他们放弃原预订客房，转向预订高一档次价格的客房。（　　）

7. 在处理投诉问题时，应重点保护客人的利益，而不应过多考虑酒店的利益。（　　）

8. 客房平均房价（间）是以客房实际总收入除以总客房数。（　　）

9. 只包含房费而不包含任何餐费的酒店收费方式称欧式计价。（　　）

10. "金钥匙服务"是指委托代办服务。（　　）

（二）案例导入

晚7点，一位穿着体面的35岁左右的男子，一边打电话走向某酒店总台收银处，掏出一整包50元面额的现金（共5 000元），一边将现金递给一位刚来不久的收银员，说要换整，收银员询问男子住在哪个房间，男子回答说是正在等朋友来订房，并对着电话说："快一点，我在大堂吧等你。"收银员清点此人递来的现金——5 000元整，清点完后点出100元面额的人民币共5 000元交给此人。

此人电话架在脖子上，一边打电话，一边清点，突然对收银员说："你怎么给我换钱，我是要存钱的（付订金）。"于是把钱又递给收银员。这时他关掉电话，又改口说："算了，等朋友来了他来付，你把我前面给你的钱还我。"此时因为较忙，收银员拿出此人付的5 000元交给了他，然后开始给另外一位客人结账。结完账回过来清点刚才的现金，发现少了1 000多元，这时才意识到其中有诈，但那个人已不见踪影。事后查看监控录像，发现了真相——此人踩点，进入大厅，直接奔收银处，中途掏出电话佯装打电话，最后骗取了钱财。

分析：作为酒店收银员，为客人提供优质服务，比如换零钞等都无可非议，但要有安全意识，时刻都要有所警惕。对一些不符常规的情况，更要有所判断和警惕。对于现金的进出，必须有进出立即清点的习惯。

（三）工作任务活动设计

在五星级酒店的接待服务中，客人离店服务同样是重要的工作内容，优质的服务会为客人愉快的行程画上圆满的句号。涉及收银服务工作，服务人员要特别小心谨慎，以防出现失误，造成酒店或客人的损失。本部分的几个任务就是最典型的收银工作环节。

办理结账服务

任务实训一：公司退房收银服务流程（标准示范）

序号	程序	收银员	客人
1	客人到前台时，微笑问候客人	您好，先生。有什么可以帮到您？ Hello, sir. How can I help you?	你好，我要退房。 Hi, I'd like to check out.
2	询问客人房间号码，确认客人姓名	好的，请问您的房间号是多少？ Yes, what's your room number, please?	1302，这是房卡。 1302, this is the key card.
3	询问客人最后消费是否已入账，例如房间酒水等	王先生，您是否消费过房间的食品和物品。 Mr. Wang, do you have any food and articles for consumption in the room.	没有，我只是住店期间叫了一杯咖啡。 No, I just ordered a cup of coffee while I was there.
4	请客人核对账单并签名	好的，王先生，咖啡已经记入您的账内，这是总共的消费金额，您是刷卡还是移动支付？ Ok, Mr. Wang, the coffee has been charged to your account. This is the total consumption amount. Do you need to pay by credit card or by mobile payment?	好的，我用支付宝支付。 Okay, I'll pay with alipay.
5	询问客人是否需要发票	请问您是否需要开发票？ Would you like to make out an invoice?	需要，这是发票的抬头和代码。 Yes, this is the invoice header and the code.

续表

序号	程序	收银员	客人
6	打印一份账单与发票装入信封交给客人	好的，先生。请您稍等。可以了，王先生。这是您的发票。请问，需要帮您安排车辆吗？ Yes, sir. One moment, please. That'll be all, Mr. Wang. Here's your invoice. Would you like me to arrange a car for you?	好的，帮我安排一下吧！ Okay, set it up for me!
7	感谢客人的光临并预祝客人旅途愉快	好的，王先生，由行李员帮您送到车上。感谢您的光临，祝您旅途愉快，希望再次为您服务！ Yes, Mr. Wang, the bellboy will take it to the car for you. Thank you for your visit, I wish you a pleasant journey, hope to serve you again!	谢谢你细致周到的服务，再见！ Thank you for your meticulous and thoughtful service. Goodbye!

任务实训相关知识点一　总台账务处理

位于前厅的收银处每天负责处理客人账务，负责核算和整理各业务部门收银员转来的客人消费账单，提供外币兑换服务，为客人办理收银事宜，编制各种会计报表，以便及时反映酒店的营业活动情况。

★总台账务处理

账务处理是总台收银处的一项日常业务工作。为避免出现工作差错，避免发生逃账漏账情况，总台收银处的账务处理必须有一套完善的制度，并依靠各业务部门的配合和财务部的审核监督。

1. 账户清楚

前厅接待处给每位登记入住的客人设立一个账户，供收银处登记该客人在住店期间的房租及其他各项花费（已用现金结算的费用除外）。它既是客人离店时结算的依据，又是编制各类营业报表的数据来源之一。通常，酒店为散客设立个人账户，团体客人设立团体账户。若团体客人中有不愿受综合服务费标准的限制而有其他消费时，则应另立个人账户。户头应清楚、准确，特别注意，姓名、房号必须与住宿登记表内容一致。账户应分类归档，取用方便。

客人入住时，总台收银员设立客账。应填写以下八个要素：

（1）客人姓名（团队名称）；

（2）房间号码；

（3）房间单价；

（4）用房间数；

（5）住店日期；

（6）离店日期；

（7）住店人数；

（8）结账方式。

客账同时有两种形式，除了在计算机系统中建立客人账户外，收银员还为每间客房设立书面客账资料夹。

2. 转账迅速

由于客人在酒店逗留期较短，发生的费用项目多，又可能随时离店，故要求转账迅速。各业务部门必须按规定时间将客人签字认可后的账单送到总台收银处，以防跑账、漏账发生。若采用计算机收银系统，客人在店内任何消费，只要收银员将账单转入收银机，计算机即可同时记下客人当时的转账款项，极大地提高了工作效率。客人建立账户后，酒店就会在客人账户上记录其住店期间的一切非现费用。对于客人的房费，采取依日累计的方法，每天记账一次。

转账就是将住店客人在酒店内不同时间、不同消费点发生的各项费用结账，除非客人愿意在发生时当场结算。这是酒店为方便客人结账提供的一种特殊服务。转账通常有两种方式。

（1）店内转账。为方便住店客人的各项消费活动，客人在店内所有账单均由其签字认可，并注明房号，转到总台收银处统一结账。

（2）转外客账。根据客人要求，客人在酒店内有关消费项目，均由旅行社（或委托单位）统一结账。在办理转外客账业务时，应该注明单位的名称、地址、电话号码、邮政编码，经办人姓名等有关内容。

对持信用卡客人到期不结账的，酒店应先发送"提醒单"，提醒客人总台结账或办理续住手续，以免经济纠纷的发生。

记账与转账要准确、迅速、及时，客人的姓名、房号、费用项目和金额、消费时间等都需及时、清楚地登记。

3. 记账准确

为客人建立账户后，即开始记录客人住店期间的一切费用。客人的房租采取按日累计的方法每天结算一次。客人离店时统计的房租加上当日应付房租，即为客人应付的全部房租。其他各项费用，如餐饮、洗衣、长途电话、传真、美容美发、书报等项目，除客人愿意在消费时以现金结算外，其余均可由客人签字后由各有关部门将其转入前厅收银处，记入客人的账户。

任务实训二：VIP 客人结账服务流程

收银员：您好，女士，请问您有什么需要吗？

客人：你好，服务员，我要办理退房。这是房卡。

收银员：好的，女士。请您稍等。（快速查询）您预订了一间商务套房，住了3天，交了2天房费，还需要补交568元。另外，小冰箱里的饮品消费是32元，总共600元。

客人：好的。

收银员：请您这里刷卡。

客人：好的。

收银员：可以了，女士。欢迎您下次光临。

客人：谢谢。

任务实训相关知识点二　结账服务

办理退房结账手续是客人离店前所接受的最后一项服务，应给客人留下良好的最后印象。

结账一般要求在两三分钟内完成。

1. 结账前做好准备工作

前台夜班接待员要协助统计次日离店客人名单，并标注客人需求。收银员核查预期离店客人账单夹内的账单，检查应收款项，试算总费用，问询员检查有无客人信件、留言及需要转交的物品。

2. 热情问候客人，询问房号

当客人到达总台结账时，收银员应热情问候客人："您好，能为您做些什么？"如客人结账退房，应问清客人房号。

3. 收回房卡和押金收据

当确认客人需要离店退房时，收银员应问清客人房号，同时应收回客人的房卡、押金收据。收银员还应在计算机中确认或者找出客人账单，与客人再次确认房号，特别需重复客人的姓名。同时控制客人结账后可能发生的动态费用，切断或锁上房内电话的国内和国际直拨功能。

4. 通知楼层查房

通知酒店客房中心该客房退房，则客房中心会派服务员前去查房，即检查客房有无物品损坏或缺失、检查客人是否有遗留物品。

5. 委婉询问客人是否有刚发生的消费费用

委婉询问客人是否有刚发生的消费费用，如房内小酒吧饮料费、是否刚到餐厅用餐等，以免漏账。

6. 请客人审核、确认账单

向客人出示账单，请客人审核、确认，并在账单上签字，按已约定的付款方式向客人收取费用或转入财务部应收账款。

7. 收款，开具发票

客人常用的付款方式及收银员相应的服务方法有以下几种。

（1）现金结账：收银员根据客人原有押金余额，多退少补。给客人找钱要唱收唱付并提醒客人妥善保管。

（2）微信或支付宝结账：出示支付码，客人根据消费情况办理结账。

（3）信用卡结账：收银员必须再问一下客人，是否继续用卡结账，若是则按信用卡操作流程迅速准确地为客人办理结账。

（4）签单挂账：收银员快速打印出电脑明细账单，递交客人签字认可，按照客人要求找齐该结账单位的账单一起转交至财务部，由财务部安排结算。

8. 话别

感谢客人，并祝其旅途愉快，欢迎再次光临。

★散客结账服务程序

（1）礼貌地询问客人房号，查看计算机，并打印出账单。

（2）通知楼层客人结账退房，请迅速检查并清扫客房。

（3）委婉地问明客人是否有刚发生的消费费用（如电话费、房内小酒吧饮料费、早餐费等），以免漏账。

（4）向客人出示账单，请客人审核、确认，并在账单上签字，按已约定的付款方式向客人收取费用或转入财务部应收账款。

（5）收回客房钥匙。

（6）在客人结清账款后，在其账单上打印"Paid"的印迹，使账单的挂账数为零，然后将一联交给客人做收据，另一联转送会计组，将金额填入现金收入日报。

（7）在入住登记表的背面盖上结账日期，连同客房钥匙移交总台接待员，接待员在计算机上做相应处理，将该住客房转换为走客房。

（8）感谢客人，并祝其旅途愉快，欢迎再次光临。

★团体客人结账程序

（1）将结账退房的团队名称、团号通知客房中心，以便检查客房酒水的使用情况。

（2）查看团队预订单上的付款方式以及有无特殊要求，做到总账户、分账户分开。

（3）打印团队账单，请该团陪同在团队总账单上签字，并注明他所代表的旅行社，以便与旅行社结算。

（4）为有分账户的客人打印账单、收银。

（5）与客人道别。

任务实训三：客人兑换外币服务流程

收银员：您好，先生，请问您有什么需要吗？

客人：你好，服务员，我想兑换一些外币，请问咱们这里可以办理吗？

收银员：可以的，先生。请问您需要兑换哪个国家的外币？

客人：我想换一些欧元，我下周要到法国、意大利、瑞士去一趟。

收银员：可以的，先生。请问您需要兑换多少呢？

客人：哦，我想兑换5 000欧元。

收银员：哦，先生，真不好意思，我们这里最多可以兑换2 000欧元。如果不能满足您的需求，您可以到中国银行进行兑换。

客人：哦，这样啊。那附近有没有中国银行呢？

收银员：您坐34路车到商城站下车就可以看到了，车程30分钟，打车去的话10分钟。

客人：哦，好的。那就先给我兑换2 000欧元吧，其他的我再找时间去兑换。

收银员：可以的，先生。根据当前汇率，您需要给我13 500元。您是现金还是刷卡，支付宝还是微信？

客人：哦，我用信用卡。

收银员：好的，先生，您稍等。请您刷卡，输入密码。

客人：给你卡。

收银员：可以了，先生。这是给您的2 000欧元，您拿好。

客人：好的，谢谢你啊！

收银员：不客气，先生。您还有其他需要吗？

客人：没有了！

收银员：您慢走，再见！

任务实训相关知识点三　外币兑换业务

酒店为方便客人，受中国银行委托，根据国家外汇管理局公布的外汇牌价，代办外币兑换业务。目前，中国银行除收兑外汇现钞外，还办理旅行支票、信用卡等收兑业务。总台收银员应掌握外币兑换的业务知识，接受这方面技术技能的培训，以搞好外币兑换服务。

★外币现钞兑换程序

（1）服务准备。收银员应做好现钞兑换的各项准备，检查兑换货币所需的办公用品和货币兑换水单，及时准确地掌握当日的外汇牌价。收银员还应做好人民币现金准备，领足备用金。

（2）弄清客人兑换要求。

（3）请客人出示相关证件。酒店通常只为住店客人办理货币兑换服务，因而需要先确定客人是否具有住店身份。因此，收银员要请客人出示其个人身份证件和住宿证明，如："先生，麻烦您出示一下您的护照和欢迎卡。谢谢！"收银员查看护照上的姓名与欢迎卡是否一致、照片与客人是否相符，核对客人身份并称呼客人姓名以确认。

（4）清点查收客人需兑换的货币金额。

（5）使用货币识别机鉴别钞票真伪，并检查其是否属现行可兑换的货币。

（6）填制货币兑换水单，核查当日现钞牌价，将货币名称、金额兑换率及应兑金额填写在水单相应栏目内，准确进行换算。

（7）请客人在水单上签名。

（8）检查复核，确保其正确。

（9）确保无误后，将兑换的款额付给客人。

任务实训四：客人结账收银实操

收银员：您好，先生，您是退房吗？

客人：是的。

收银员：请给我您的房卡和钥匙。

客人：给你。

收银员：谢谢。请问您有没有用过房间内的酒水？

客人：没有。

收银员：好的，请稍等。（致电客房中心要求查房，并打印制作客人账单）这是您的账单，请您过目。

客人：谢谢。（开始核查账单）

收银员：不用谢。

客人：小姐，我没有在房间打过长途电话，为什么收我长途电话费？

收银员：对不起，请让我查一查。（核查电话记录）对不起，先生。这个电话确实是从您房间打出的，这里是详细通话记录，请您核对。

客人：（核对电话记录）啊，我想起来了。我的一个朋友在我房间打过电话，这是他家里的电话。

收银员：请再仔细检查，看看还有没有其他问题。

客人：（检查后）没有了。

收银员：好的，先生。请在账单上签名……谢谢，您是用现金结账吗？

客人：是的。

收银员：您入住时交了2 000元押金，住宿期间实际消费了2 236元。请您再支付236元。

客人：给，这是300元。

收银员：（点收）100元，200元，300元。我一共收您人民币300元。这是找您的零钱：50元，60元，62元，64元。一共找您64元，请收好。

客人：好的。

收银员：这是您的账单和发票，请您收好。

客人：谢谢。

收银员：不用谢。祝您一路顺风。

客人：谢谢，再见。

收银员：这是我应该做的。再见。

任务实训相关知识点四　夜审及营业报表编制

★夜间审核

夜审工作就是核查上个夜班所收到的账单，将房租登录在客人账户上，并做好汇总和核查工作。

夜审员（Night Auditor）的具体工作步骤如下：

（1）检查所有营业部门的账单是否都已转来。

（2）检查所有单据是否都已登上账户。

（3）将所有尚未登账的单据登上账户。

（4）将单据分类计算出各部门的收入总额。

（5）累计现金表，检查收到现金和代付现金的总额。

（6）检查所有现金表上的项目是否都已登录在账户上。

（7）检查所有优惠是否都有签字批准，是否登录在账户上。

（8）将当日房租登记在账卡上。

（9）将每个账卡的借方和贷方金额分别相加，得出当日余额。

（10）将当日余额记入下一日新开账页的"接上页"行内。

此外，夜审员应将账户上的信息按项目登录到有关的账册上并求出总数，然后，做好下列核查工作：

（1）核查每个营业部门的借方栏总数是否与相应的销售收入一致。

（2）将现金收入栏和代付栏总数与现金表相比较，以确认两数相符。

（3）核查折让与回扣总数是否与有关单据上的总数相符。

（4）将开账余额栏的总和与上一天结账时的余额总和相比较，核查是否相符。在此基础上，夜审员还应负责编制报表，包括客房、餐饮和综合服务收入统计以及全店收入审核统计，并上报总经理及转送相关部门，作为掌握和调整经营管理的重要依据。

★编制客房营业日报表

酒店客房营业日报表是全面反映酒店当日客房营业情况的业务报表，一般由前厅收银处夜审员负责编制。该表主要是从当日所出租的客房数量、所接待的客人数量以及所应获得的客房营业收入这三方面，对酒店客房日销售状况进行归类和总结。

1. 统计出当日出租的客房数、在店客人人数及客房营业收入

（1）所出租客房数、住店的零星散客人数及其用房数、零星散客的用房营业收入。

（2）免费房、待修房、空房、内宾用房以及酒店自用房的数量。

（3）在店团体的用房数、住店团体人数及其用房营业收入。

2. 统计其他资料

包括当日离店客人人数、用房数，以及当日抵店客人的人数、用房数。上述数据来源于离店客人资料和"抵店客人名单"。

汇总出当日出租的客房数和在店客人的人数，其计算方法为：

当日出租客房数 = 昨日出租客房数 − 当日离店客人用房数 + 当日抵店客人用房数

当日在店客人人数 = 昨日在店客人人数 − 当日离店客人用房数 + 当日抵店客人用房数

3. 检查核对当天的客房营业收入

检查的主要项目有：

（1）核对零星散客的房费收入。

（2）核对收入。

（3）核对当日房价变更的统计结果。

4. 计算出当日的客房出租率和实际平均房价

有些酒店还要求分别统计出团队用房率，以及散客的平均房价。其计算公式为：

平均房价 ＝ 客房营业收入 ÷ 已出租的客房数

（四）活动测评标准

	实训内容	操作要领	分值	学生评价	教师评价
1	仪容仪表仪态	服装整洁，鞋袜洁净，头发、指甲符合职业要求，行走、站姿正确，行为规范有礼	10分		
2	主动迎宾	对客人微笑，行注目礼，用敬语问候客人	10分		
3	了解客人需求	清楚地知道客人是办理入住、退房还是兑换外币	20分		
4	提供服务	迅速准确地提供服务，操作熟练	40分		
5	语言得体	语言得体、用词准确	10分		
6	道别	语言有礼貌	10分		

三、岗位要求

入住流程

1.见到客人入住，在前台为客人办理入住手续时询问客人付款方式。

See guests check-in, check-in at the front desk for guests to inquire about the payment method.

2.收取客人押金或刷卡。

Collect the guest's deposit or card.

3.开具押金收据单，红色一联交客人保管。

Issue a deposit receipt, red joint to the guest custody.

4.将剩下的两联收据单附在押金或卡纸上用回形针夹好，放置于收银抽屉内保管。

Attach the remaining two copies of the receipt to the deposit or card and place them in the drawer of the cash register with a paper clip.

5.客人如果是刷卡，最好在收据单上抄下信用卡号，刷完卡后，应在卡纸封面边绿线以外用小字轻写上此卡纸所属房号，以防止忙中弄乱。

If the guest is the card, it is best to copy down the credit card number on the receipt. After the card is rinsed, the room number of the card should be written in small print outside the green line on the cover of the card to prevent confusion in a hurry.

6. 按正常程序查看禁止入境的名单。

Get a warrant or check the stop list as per normal procedure.

7. 从接待处交接过房账单，装入套内放入相应账栏内。

Receive the room bill from the reception desk and put it into the appropriate box.

8. 如客人属于免收押金类，应请客人在入住时于账单上签名认可。

If the guest belongs to free deposit category, should ask the guest to check in at the time of signature recognition on the bill.

9. 如客人房账属于其他房账内的，需要其他房房主签名认可才能生效，两房须分别注明"入××房"及"付××房"。

If the guest room account belongs to the other room account, the signature of the other landlord is valid, the two rooms should be marked "enter room" and "pay room".

10. 除备用金外的所存现金在每班下班前须交至经理，其放进保险箱内妥善保管，具体做法是：要求前台收银留绿联于抽屉内，将白单夹现金交给经理。

He deposit except the petty cash shall be delivered to the manager for safekeeping before the end of each shift. The practice is to ask the front desk cashier to keep the green couplet in the drawer and hand in the cash in the white folder to the manager.

四、项目拓展

（一）复习旧知

1.客人入住时，总台收银员根据客人通知单的要求而设立不同客账账户，以下属于设立客账账户要素的是（　　）。（多选题）

A.客人姓名　　B.房间号码　　C.住店人数　　D.离店时间　　E.客人工作单位

2.转账是饭店为方便客人结账提供的一种特殊服务。转账通常有两种方式，分别是（　　）。（多选题）

A.直接转账　　B.间接转账　　C.店内转账　　D.现金转账　　E.转外客账

3.办理退房结账手续是客人离店前所接受的最后一项服务，应给客人留下良好的印象。散客结账一般要求在（　　）内完成。

A.1～2分钟　　B.2～3分钟　　C.3～4分钟　　D.4～5分钟

4.客人常用的付款方式有（　　）、（　　）、（　　）、（　　）。

5.团体客人的结账程序是（　　）、（　　）、（　　）、（　　）、（　　）。

（二）课后实践

到京京大酒店前厅部进行实地考察，学习收银员的操作技巧。

<table>
<tr><td colspan="4" align="center">酒店收银服务实践表</td></tr>
<tr><td>实践时间</td><td></td><td>实践地点</td><td></td></tr>
<tr><td>实践人员</td><td colspan="3"></td></tr>
<tr><td>实践过程</td><td colspan="3"></td></tr>
<tr><td>实践收获</td><td colspan="3"></td></tr>
<tr><td>酒店建议</td><td colspan="3"></td></tr>
<tr><td>指导教师建议</td><td colspan="3"></td></tr>
</table>

（三）书写作业

1.李先生是一位以全价（门市价）入住酒店的客人，可在他住满4天办理退房结账手续时，却声称酒店房租太贵，客房内设施设备他也不喜欢，提出投诉，并要求房租按七折收费。此时，你应该如何处理？

2. 叙述团队结账退房手续办理流程与标准。

3. 夜间审核的处理流程是怎样的？

4. 专业术语汉英抄写。

（1）具体内容 Verify the Particulars
_____

（2）客人姓名 Guest Name
_____

（3）证件类别 Type of Certificate
_____

（4）证件号码及有效期 Passport No. and Valid Date of Passport
_____

（5）国籍 Nationality
_____

（6）出生日期 Date of Birth
_____

（7）签证种类 Visa Type

（8）签证号码 Visa No.

（9）签证有效期 Expiry Date of Visa

（10）家庭地址 Permanent Address

（11）公司名称及地址 Company Name & Address

（12）付账方式 Method of Payment

（13）客人签名 Signature of Guest

复习旧知部分的答案

1. ABCD
2. CE。
3. B。
4. （现金结账）、（微信或支付宝结账）、（信用卡结账）、（签单挂账）。
5. （结账前的准备工作）、（通知客房中心退房信息）、（结算个人杂费）、（结算团队总账）、（与客人道别）。

项目七　服务中心

学习目标

知识与技能目标

1. 了解总机服务项目及其服务程序与标准。
2. 能正确地为客人提供留言服务、叫醒服务。
3. 能正确处理投诉电话和处理紧急情况电话。

情感目标

作为未来的酒店工作人员，把握服务中心的工作性质，通过电话线为客人提供服务，通过语言能力协调各部门，有效开展工作。

学习重难点

1. 学会与客人进行有效的电话沟通并转接电话。
2. 能准确地为客人提供电话服务。

学习准备

电话、电脑、笔记本、笔、留言单。

学习过程

一、热身游戏

凤凰和鸡蛋：

总规则：

活动以猜拳形式（石头、剪刀、布）进行。按照鸡蛋—鸡仔—凤凰—"人"的程序进化。游戏中，每个人须不断与别人对猜，猜赢了按照程序晋升一级；猜输了便跌一级，直至变成"人"为止。

整个程序：

1.活动开始前，全体队友先蹲下且都被假视为鸡蛋；2.相互找同伴进行猜拳，赢者进化为鸡仔；3.进化为鸡仔的赢者必须找同是鸡仔的同伴进行猜拳，赢者进化为凤凰，输者退化为鸡蛋；4.进化为凤凰的赢者必须找同是凤凰的同伴进行猜拳，赢者再进化为"人"，输者退化为鸡仔；5.一直进行，直到再也没有人能变成"人"时，游戏结束。

动作：

鸡蛋——蹲下行走

鸡仔——弯腰行走，手模仿翅膀在身旁拍打

凤凰——站立行走，两手呈三角形放在头顶上

人——两手叉腰

二、知识储备

（一）课程回顾

1. 房价按价格性质可以划分为（　　）。

  A. 标准价　　　　B. 商务合同价　　　　C. 免费价

  D. 散客价　　　　E. 团队价

2. 国际酒店的计价方式有（　　）。

  A. 欧式计价　　　B. 美式计价　　　　　C. 修正美式计价

  D. 欧陆式计价　　E. 百慕大式计价

3. 客人离店后有哪些主要的工作任务？（　　）

  A. 送别客人　　　B. 回收顾客满意度调查表

  C. 客史建档　　　D. 有针对性地对客人促销　　E. 未尽的事项

4. 酒店大堂的设计原则包括（　　）。
   A. 满足功能要求　　　　　　　　B. 充分利用空间
   C. 注重整体感的形成　　　　　　D. 力求形成自己的风格与特色
   E. 注重环保和环境

5. 前厅部的员工担负着哪些角色？（　　）
   A. 酒店的外交大使　　　　　　　B. 酒店商品的推销员
   C. 问询与信息的解决者与提供者　D. 活动的协调者
   E. 酒店的公关代理

（二）案例导入

1. 一天，一位先生打长途电话来说，有一件事情非常紧急，希望北京昆仑酒店总机的话务员给予帮助。这位先生说他有一位朋友出差住在北京丰泽园宾馆，因有事需要立即与他取得联系。但北京市电话局114查号台说查不到丰泽园宾馆的号码，而他朋友的手机也打不通。他听说北京昆仑酒店总机的服务热情周到，能够帮助客人解决各种困难，因此抱着试试看的想法打长途电话来寻求帮助。他们是怎样做的呢？

总机领班说："请您不要着急，慢慢说，看我是否能帮您解决问题。"之后，总机领班找出电话簿仔细查询，终于查到了丰泽园宾馆的电话号码，马上打电话与丰泽园宾馆核对，证实这位先生的朋友确实住在这家宾馆。总机领班立即打长途电话将查询到的结果告诉这位先生，这位先生连连道谢，说："昆仑酒店是一流的酒店，昆仑酒店的总机是一流的总机，我要告诉我的朋友们以后到北京一定住昆仑酒店。"

2. 有一位客人打电话来说："真对不起，我不转接电话，只想查一个号码可以吗？"这位客人说她家的狗病了，想查找一个离家近又服务全面的宠物医院的电话号码和地址。我们可以帮她这个忙吗？

总机话务员毫不犹豫地说："没关系，女士，您打电话请我们帮忙查号是对我们的信任，请问您查哪里的号码？我们一定尽力帮您查找，如果您在线上等的时间太长不方便的话，您可以留下号码，等我们查到后打电话通知您，好吗？"之后，总机查找了几家附近靠谱的宠物医院，并问清是否需要预约，把电话号码给了这位女士。她非常感动，说打了几家酒店的总机，都拒绝了她的要求，只有昆仑酒店痛快地答应了，还帮忙找了几家宠物医院供选择，非常感谢。

（三）工作任务活动设计

在五星级酒店的接待服务中，服务中心是唯一客人看不见人听得到声音的岗位，服务人员通过电话为客人达成需求。本部分根据服务中心的工作范围，设计了转接电话、电话查询、处理客人物品等几个来自工作中的任务情境，学生可以得到良好训练。

婉拒预订服务

任务实训一：转接电话服务（标准示范）

	程序	服务中心接线员	客人
1	在电话铃响三声之内接听电话，而且不要让客人等候的时间太长	上午好。这里是京京大酒店。 Good morning. This is Jingjing Hotel.	
2	用礼貌、愉快的声音接听电话，并总是带有微笑	您好，服务中心。我是××，请问有什么可以帮到您吗？ Service Center. This is ××. May I help you?	你好，我是1102房间的客人，我想预订明天的晚餐，需要在西餐厅。 I'm a guest in room 1102. I'd like to make a reservation for dinner tomorrow. I'd like to make a reservation in a western restaurant.
3	如果需要客人在线等候，必须先征得客人的同意，并对客人表示感谢	对不起，请您稍等一会儿。 My apologies but may I put you on hold for a moment?	好的。 Okay.
4	如果电话需要转接，在转接之前，要对客人礼貌地进行解释	感谢您的等待，我现在帮您转接，谢谢来电。 Thank you for your waiting. I will put you through, Thank you for calling.	好的。 Okay.
5	转接要快速	上午好，这里是京京大酒店西餐厅，我是××，请问有什么可以帮到您吗？ Good morning, this is the western restaurant of Jingjing Hotel, I am ××, may I help you?	你好，我需要预订明天晚上两个餐桌，都是六人桌。有老人孩子。 I'd like to reserve two tables for tomorrow evening, both for six. There are old man and children.
6	餐厅人员服务语言标准、态度热情	好的，先生。请问您贵姓？预计几点钟到达？ Yes, sir. May I have your name, please? What time do you expect to arrive?	我姓张，大概6点钟到吧。 My surname is Zhang. I'll be there around 6:00.
7	重复客人的要求，确认准确无误	好的，张先生。已经为您预订明天2月26日晚上6点两张6人桌，恭候您和家人的光临！ Yes, Mr. Zhang. We have reserved two 6-seater tables for you and your family at 6:00 pm tomorrow, February 26!	好的，谢谢。 Okay. Thank you.

任务实训相关知识点一　转接电话及留言服务

（1）首先认真听完讲话再转接，说："请稍等。"若客人需要其他咨询、留言等服务，应对客人说："请稍等，我帮您接通××部门。"

（2）转接之后，如对方无人，电话铃响30秒后，应向客人说："对不起，电话没有人接，您是否需要留言或过会儿再打来？"需给住客留言的电话一律转到前厅问讯处；需给酒店管理人员留言或管理人员办公室无人时，一律记录下来，重复确认，并通过电话方式或其他有效方式尽快将留言转达给相关的管理人员。

为了能够高效地转接电话，话务员必须熟悉本酒店的组织机构、各部门职责范围及服务项目，并掌握最新的、正确的住客资料。

任务实训二：电话查询服务

总机服务员：您好，这里是京京大酒店，请问有什么需要帮忙的吗？

客人：你好，我是3310的客人，我想明天出去玩，想找一家旅行社，你能帮我查一个电话号码吗？

总机服务员：可以的，女士。请您稍等。

客人：好的。

总机服务员：您好，女士，让您久等了。请您记录一下，我帮您查到附近有三家旅行社，其中一家是友好商务社旅行社，电话是356××××；一家是海峡光芒照旅行社，电话是377××××；还有一家是中山大家庭旅行社，电话是362××××。这三家旅行社口碑都很好，离酒店最近的一家是友好商务社旅行社，您可以打电话咨询。

客人：好的，太好了，谢谢你啊！

总机服务员：不客气，女士，很高兴为您服务。请问您还有其他需要吗？

客人：没有了，谢谢你！

总机服务员：不客气！

客人：再见！

总机服务员：再见，女士！

任务实训相关知识点二　查询服务

（1）对常用电话号码，应对答如流，查询准确快速。

（2）如遇查询非常用电话号码，话务员请客人保留线路稍等，以最有效的方式为客人查询，确认后及时通知客人。如需较长时间，则请客人留下电话号码，待查清后，再主动与客人电话联系。

（3）如遇查询住客房号的电话号码，在总台电话均占线的情况下，话务员应通过计算机为客人查询。如查询不到，回答："对不起，没有查询到您要找的这位客人，您看方便告诉我客人全名吗？我再帮您查询一次。"此时应注意为住客保密，不能泄露其房号。接通后让客人直接与其通话。

任务实训三：转接电话实操

总机服务员：您好，服务中心。

客人：你好，小姐，我想预订一个雅间，我要宴请朋友。

总机服务员：好的，女士，帮您转接中餐厅预订部那边。

客人：谢谢。

总机服务员：非常抱歉，女士，预订部那边暂时没有人接听，可以稍候给您回电话。您的房号是2301。

客人：好的，那你一会儿接通后别忘了给我回个电话啊！

总机服务员：好的，女士，接通预订部后立刻给您回电话！

客人：嗯好，谢谢啊！

总机服务员：不客气，女士，感谢您的来电！

任务实训相关知识点三 "免电话打扰"服务

（1）将所有要求"免电话打扰"服务的客人姓名、房号、具体服务时间记录在交接班本上（或注明在记事牌上），并写明接客人通知的时间。

（2）将电话号码通过话务台锁上，并将此信息准确通知所有其他当班人员。

（3）在免打扰期间，如发话人要求与住客讲话，话务员应将有关信息礼貌、准确地通知发话人，并建议其留言或待客人取消"免打扰"之后再来电话。

（4）客人要求取消"免打扰"后，话务员应立即通过话务台释放被锁的电话号码，同时在交接班本上或记事牌上标明取消记号及时间。

任务实训相关知识点四 挂拨长话服务

为了方便住客，酒店设计了电话服务指南及常用电话号码立卡（置于房间床头柜上），供住客查阅使用，住客在客房内直拨长话，计算机系统自动计时计费，大大减轻了话务员的工作量。另外，话务员应注意及时为抵店入住客人开通电话以及为退房结账的客房关闭电话。若团队、会议客人需自理电话费用，则应将其打入相应的账单。

任务实训四：客人物品需求处理

总机服务员：您好，服务中心。

客人：你好，服务员，请给我送一杯咖啡，在1508房间。

总机服务员：您好，女士，您需要哪一种咖啡，美式、摩卡，还是卡布奇诺？需要加糖、加奶吗？

客人：我要一杯美式咖啡，要一些冰，要一些糖和奶，单独放。

总机服务员：好的，女士，请您稍等。

客人：好的，多谢！

总机服务员：不客气！

总机服务员：（给餐厅打电话）：你好，请给1508房间客人送一杯美式咖啡，单独送一些冰，还有糖和奶。

餐厅服务员：好的，1508房间需要一杯美式咖啡，单独送冰、糖、奶。怎么结账？

总机服务员：给她挂账吧！

任务实训五：预订客人咨询

总机服务员：您好，京京大酒店服务中心，有什么可以帮到您？

客人：你好，我是梦想集团，我们在你们酒店预订了25号到27号3天的会议，我们组织了100人参加，集团来付费用，我们的负责人可能25日才能到达酒店。如果参会者提前到达能否直接入住呢？

总机服务员：您好，先生，如果客人提前到达，需要收取押金的。

客人：那我能否直接转账过来呢？

总机服务员：先生，我们只能进行对公转账的。

客人：那客人到达的话，让他们先付押金也行，之后我们再退还。可以怎样支付呢？

总机服务员：微信、支付宝、银行卡、现金都是可以的。

客人：好的，谢谢你！

总机服务员：不客气，先生，感谢您的来电，再见！

任务实训相关知识点五　提供叫醒服务

总机所提供的叫醒服务（Morning Call）是全天24小时服务，可细分为人工叫醒和自动叫醒两类。

1. 人工叫醒

（1）受理客人要求叫醒的预订。

（2）问清要求叫醒的具体时间和房号。

（3）填写"叫醒记录单"，内容包括叫醒日期、房号、时间并签名（话务员）。

（4）在定时钟上准确定时。

（5）定时钟鸣响，话务员接通客房分机，叫醒客人。

（6）核对叫醒记录，以免出现差错。

（7）若客房内无人应答，5分钟后再叫一次。若仍无人回话，则应立即通知大堂副理或房务中心前往客房查看，查明原因。

2. 自动叫醒

（1）受理客人要求叫醒的预订（有的酒店客人可直接在客房内的电话机上，根据服务指南上的提示进行操作，自己确定叫醒时间）。

（2）问清叫醒的具体时间和房号。

（3）填写叫醒记录单，清楚地记录叫醒日期、房号、时间并签名（话务员）。

（4）及时将叫醒要求输入计算机，并检查屏幕记录是否准确。

（5）夜班话务员应将叫醒记录和时间顺序整理记录在交接班本上，整理、输入、核对并签字。

（6）当日最早叫醒时间之前，应先检查叫醒机是否正常工作、打印机是否正常打印。若发现问题，应及时通知工程部。

（7）检查核对，打印报告。

（8）注意查看无人应答房间的号码，及时通知房务中心或大堂副理，进行敲门叫醒，并在交接班本上做记录。

任务实训相关知识点六　酒店临时指挥中心

当酒店出现紧急情况时（如突发疫情、火灾、虫灾、水灾、伤亡事故、恶性刑事案件），总机房便成为酒店管理人员迅速控制局势、采取有效措施的临时指挥协调中心。话务员应按指令执行任务，做到以下几点。

（1）保持冷静，想一想首先应该做什么。

（2）立即向报告者问清事情发生的地点、时间，报告者的身份、姓名，迅速做好记录。

（3）立即使用电话通报酒店有关部门，并根据指令，迅速与市内相关部门（如消防、安全、公安等）紧急联系。随后，话务员应相互通报、传递所发生的情况。

（4）坚守岗位，继续接听电话，并镇静地安抚客人情绪。

（5）详细记录紧急情况发生时的电话处理细节，以备事后检查，并加以归类存档。

总之，总机房所提供的服务项目视酒店而异。有些酒店的总机房还负责闭路电视、收费电影的播放，监视火警报警装置和电梯运行等工作，而有些酒店的总机与前厅部办公室在一起，能更有效地处理各种临时任务，方便快速。

（四）活动测评标准

服务程序	服务标准	分值	小组评价	教师评价
1.转接电话	（1）迅速接听，电话铃响3声或10秒内接听，超过3声需道歉。 （2）清晰地问候："您好！这里是××酒店。" （3）听清电话内容。 （4）判断分机号是哪里的。 （5）迅速、准确地转接	20分		
2.电话占线情况处理	（1）礼貌问候。 （2）及时向客人说明占线原因："对不起，先生/女士，电话正在忙线中，无法拨通，稍后为您继续拨打。" （3）请客人稍后重试或留言	20分		
3.电话无人接听处理	（1）向客人说明电话无人接听的原因："对不起，您转接的电话暂时无人接听。" （2）主动征询客人是否愿意稍后再接或留言："您看是否需要再为您转接一次或留言呢？"	20分		
4.叫醒服务处理	（1）接听电话，问清客人房号、姓名及叫醒服务时间。 （2）复述客人要求，获得客人确认。 （3）把叫醒服务要求输入计算机，在叫醒机上输入客人房号、叫醒时间，按执行键。 （4）填写叫醒记录单，包括客人房号、叫醒时间及话务员姓名。 （5）如叫醒服务无应答，通知房务中心或大堂副理处理，告知房号及叫醒时间，问明并记下房务中心人员姓名	20分		
5.其他客人需要情况处理	（1）迅速接听电话，礼貌清晰地问候。 （2）听清客人诉求，并且适当重复客人的需要。 （3）如需借助其他部门满足客人的需求，立刻拨打电话，及时处理客人需要	20分		

三、岗位要求

叫醒服务：

1.要在电话铃响3声之内接听电话，而且不要让客人等候的时间超过30秒。

Answer the phone within 3 rings and do not place the guest on hold for more than 30 seconds.

2.您好，服务中心，我是×××，请问有什么可以帮您吗？

Hello, service center, this is ×××, （Title, Name）. May I help you?

3.员工使用礼貌、愉快的声音接听电话，并总是带有微笑。

The operator uses a courteous and pleasant manner to greet guest, and always put her smile in the voice.

4.如果需要客人在线等候，必须先征得客人的同意，并对客人表示感谢。

If calls are placed on hold, ask permission before doing so, and thank the guest for waiting.

5.（称呼，姓名）请您稍等一会儿？

(Title, Name) my apologies but may I put you on hold for a moment?

6. 与客人确认后："谢谢您的理解。"

Upon guest confirmation: "Thank you for your understanding."

7. 与客人交流时，说话要以一种友好和平静的声音，客人便可以听到和更好地了解你。

Engage with the guest by speaking in a friendly and calm voice, so they can hear you and better understand you.

8. 体现我们对客人的尊重和帮助。

Show our respect and help to our guests.

四、项目拓展

（一）复习旧知

1. 总机充当饭店临时指挥中心时，话务员必须做到以下哪些方面？（　　）（多选题）

　　A. 保持冷静　　　　　　　B. 电话通报饭店领导　　　C. 尽快撤离所在岗位

　　D. 详细记录紧急情况　　　E. 话务员相互通报

2. 属于话务员的素质要求的是（　　）。（多选题）

　　A. 口齿清楚　　　　　　　B. 记忆力强　　　　　　　C. 熟悉电话业务

　　D. 年轻有活力　　　　　　E. 严守话务秘密

3. 饭店总机服务主要涉及（　　）服务、（　　）服务、（　　）服务、（　　）服务、（　　）服务、（　　）服务等几个方面。

4. 总机提供的叫醒服务是全天24小时服务，可细分为（　　）和（　　）两类。

5. 叫醒服务的服务程序是（　　）、（　　）、（　　）、（　　）。

（二）课后实践

两人一组演练以下案例。

有一位客人打电话来说："真对不起，我不转接电话，只想查一个号码可以吗？"这位客人说她家的猫病了，想查找一个离家近又服务全面的宠物医院的电话号码和地址。我们可以帮她这个忙吗？

酒店服务中心实践表			
实践时间		实践地点	
实践人员			
实践过程			
实践收获			
酒店建议			
指导教师建议			

1. 转接电话及留言服务的程序是什么？

2. 查询服务的注意事项是什么？

3. 人工叫醒服务的程序是什么？

4. 专业术语汉英抄写。

（1）商务中心 Business Centre

（2）游泳池 Swimming Pool

（3）保险箱 Safe Deposit Box

（4）当地特色 Local Touch.

（5）有吸引力 Attractive

（6）适合儿童 Suitable for Children

（7）鲜果汁 Fresh Juice

（8）热／凉毛巾 Hot/Cold Towel.

（9）网络端口及无线网络 The Internet Data Port and Wifi

（10）紧急程序和出口 Emergency Procedures and Exits

（11）空调控制面板 The Air-condition Control Panel

（12）电视遥控器 TV Remote Control

（13）礼宾部接待台 Concierge Counter Hotel

复习旧知部分的答案

1. ABDE。

2. ABCE。

3. （转接电话和留言）、（查询）、（免电话打扰）、（挂拨长话）、（提供叫醒）、（充当饭店临时指挥中心）。

4. （人工叫醒）、（自动叫醒）。

5. （接听客人要求叫醒服务的电话）、（把叫醒服务要求输入电脑）、（填写叫醒记录单）、（叫醒无应答情况处理）。

项目八　商务中心服务

📚 学习目标

知识与技能目标

1. 学会在酒店中为客人提供复印、传真、文字处理、翻译、文件抄写核对、会议记录、代办邮件以及秘书工作等服务。

2. 能够快速处理客人交办的事情，准确、保质保量地完成。

情感目标

1. 完成客人交办的每一项文书工作，保证客人满意。

2. 运用酒店管理经验，灵活地处理各种特殊情况。

📚 学习重难点

商务中心被称为"办公室外的办公室"，根据客人要求提供准确、周到、优质的服务。

📚 学习准备

打印机、复印机、传真机、电脑、A4纸、笔。

学习过程

一、热身游戏

青蛙跳水：

方法：

1. 全体围坐成圈。

2. 由主持人开始说"一只青蛙"，第二个人说"一张嘴"，第三个人说"两只眼睛"，第四个人说"四条腿"，第五个人说"扑通，扑通"，第六个人说"跳下水"。

3. 继续下个人开始，说两只青蛙，第二个人说"两张嘴"，第三个人说"四只眼睛"，第四个人说"八条腿"，第五个人说"扑通，扑通"，第六个人说"跳下水"……

谁说错话，谁就上台表演青蛙跳。

二、知识储备

（一）课程回顾

1. 为客人转接电话后，如果对方无人接听，铃响（　　）秒后，应向客人说："对不起，电话没有人接，您是否需要留言或者过会儿再打来？"

  A.15　　　　　　　　B.30　　　　　　　　C.45　　　　　　　　D.60

2. 将所有要求（　　）服务的客人姓名、房号、具体服务时间记录在交接班本上，并写明接客人通知的时间。

  A. 清洁打扫　　　　B. 代办　　　　C. 提前退房　　　　D. 免电话打扰

3. 对常用电话号码，应对答如流，查询（　　）

  A. 准确快速　　　　B. 及时准确　　　　C. 快速准确　　　　D. 不慌不忙

4. 提供叫醒服务时，如果房间内没有人应答，（　　）分钟后再叫一次。

  A.1　　　　　　　　B.3　　　　　　　　C.5　　　　　　　　D.10

5. 当酒店出现紧急情况（火灾、水灾、伤亡事故等）时，总机房便成为临时指挥中心，话务员做得不对的是（　　）。

  A. 保持冷静、不惊慌　　　　　　　　　　B. 迅速撤离，保证自己的生命安全
  C. 详细记录紧急情况发生时的电话处理细节　　D. 立即向报告者问清发生的地点、时间

（二）案例导入

2022年3月16日，来自山东的住店客人刘先生要求北京某酒店商务中心文员李小姐订

一张3月18日14点去青岛的飞机票，李小姐按规定的程序完成了客人的订票手续。3月18日14点，何先生来商务中心，说他赶到北京首都机场后，机场工作人员告诉他航班是从北京的另一个机场——大兴机场起飞的。等他打的到大兴机场后，航班早已起飞，为此他不得不多留一夜。刘先生认为自己是外地人，不知道北京有多个机场，李小姐没有告知，造成了现在的局面，要求酒店赔偿他的一切损失。

酒店在此事中有无责任？对刘先生的要求应如何答复？从该事件中应吸取哪些教训？

（三）工作任务活动设计

在五星级酒店的接待服务中，前厅部的商务中心是能为客人提供方便高效解决临时问题的部门。本任务的几个任务根据客人的需要，设计了票务服务、文件打印服务、文件复印服务等几个工作任务，让学生对未来工作的岗位做好充分准备。

商务中心复印服务

任务实训一：票务服务程序（标准示范）

序号	程序	接待员	客人
1	主动热情问好	您好，先生。有什么可以为您服务的？ Hello, sir. How can I help you?	你好，我想订两张"魅力湘西"的演出门票，你这里可以预订吧？ Hello, I'd like to book two tickets for the charming Xiangxi performance. Can you make a reservation here?
2	迅速为客人提供服务	可以的，先生。请问您需要什么时间的？这个演出今天晚上的场次已经没有了，明天晚上7点钟的可以吗？ Yes, sir. How long do you need? The show has run out of shows so far this evening. How about tomorrow at seven o'clock?	可以的，正好我们想明天去看。 Yeah, we'd love to see it tomorrow.
3	动作规范	好的，先生，请您出示身份证。 Yes, sir. ID, please.	给你。 Here you go.
4	礼貌操作，考虑周到	王先生，为您预订两张明天晚上7点的魅力湘西的门票，座位是楼上贵宾座，票价一共是600元。您怎样支付？ Mr. Wang, two tickets are reserved for tomorrow evening at 7 o'clock in charming Xiangxi. The seats are upstairs VIP. The total price is 600 yuan. How would you like to pay?	好的，我给你现金，这是600元。 Okay, I'll give you cash. Here's 600 yuan.
5	真心为客人服务	好的，王先生。已经预订好了，这是收据。您只要出示身份证就可以了。明天晚上我们酒店会有专车送您二位过去。祝您观看愉快！ Yes, Mr. Wang. It's already booked. Here's the receipt. All you have to do is show your ID card. Our hotel will have a car to take you there tomorrow evening. Enjoy the show!	好的，谢谢你了，酒店安排得真好！ All right, thank you. Great hotel arrangement!

任务实训相关知识点一　复印服务

复印服务的工作程序：

（1）主动问候客人，介绍收费标准。

（2）接过客人的复印原件，根据客人要求，选择纸张规格、复印张数以及颜色和深浅程度。

（3）将复印原件在复印平面上定好位置，检查送纸箱纸张，按动复印键。

（4）需放大或缩小的复印，按比例调整尺寸，检查第一张复印效果，如无问题，则可连续复印。

（5）复印完毕，取原件交给客人，如原件为若干张，则应注意按顺序整理好。

（6）问明是否要装订文件，如需要则要替客人装订。

（7）根据复印张数和规格，开立账单。账单通常一式三联，将第二联撕下交总台收银处，第三联呈交客人。如客人不要，立即用碎纸机销毁。

（8）若客人要挂账，应请客人出示房卡并签字。

（9）若客人要开发票，将发票第二联交给客人，第三联需同账单的第二联一起交总台收银处。

（10）将账单号码、房号、金额、付款方式分别填在"商务中心日复印、打字报表"上。

任务实训二：文件打印任务实操

商务中心服务员（微笑、鞠躬15°）：早上好，先生。请问您需要打印、复印还是订票？

客人：你好，小姐。我想打印一份文件，我们老板擅长手写会议纪要，需要你帮我打印一下。

商务中心服务员（微笑）：好的，先生，请问您什么时候需要打印好？

客人：哦，最好下午2点之前，我们下一个企业策划活动还要参考。

商务中心服务员（微笑）：好的，先生。请您下午1点30分过来取就可以了。

客人：好的。对了，麻烦你再给我复印3份。

商务中心服务员（微笑）：好的，先生，一共是4份稿件。请问您的房间号是多少？

客人：我们住在2303，记账就可以了。

商务中心服务员（微笑）：好的，先生。请问您还有别的要求吗？

客人：没有了，就这样吧。下午我过来拿。

商务中心服务员（微笑）：没有问题，先生。再见，您慢走！

客人：再见，谢谢你！

商务中心服务员（微笑）：不客气，再见！

任务实训相关知识点二　打印服务

打印服务的服务程序：

（1）主动问候客人，介绍收费标准。

（2）接过客人文件原稿，了解客人打印要求以及特殊格式的安排。浏览原稿，检查是否有不清楚的字词句段。

（3）告知客人大概完成时间。

（4）文件打好后，发给客人审核一下。

（5）如果客人需要修改，修改之后，再校对一遍。

（6）将打印好的文件交给客人，根据打字张数，为客人开单收费，请客人签字后，将账单转到总台收银处。

（7）询问客人是否需要留存电子版及保留时间，如不需要保留，则删除该文件。

（8）填写"商务中心日复印、打字报表"。

任务实训三：文件复印任务实操

商务中心服务员（微笑）：下午好，女士！请问您需要复印、打印还是票务服务？

客人：你好，小姑娘，我想复印200份文件。明天上午我们组织了一个会议，有200人参加，需要200份。这是一份资料。

商务中心服务员（微笑）：好的，女士。这些文件需要装订成册吗，还是简单钉起来？

客人：（思考）嗯，等我问一下我们老板。（打电话）王总，我是杨秘书，您说这个资料用不用装订成册啊？嗯嗯，好的好的，我知道了，再见。小姑娘，幸好你提醒了我，都给我装订成册吧！

商务中心服务员（微笑）：不用客气，女士。最好您能把贵企业的图片做一个封面，晚上发给我就可以。这是我们的微信名片，您扫一下就好。

客人：好的，小姑娘，那我晚点发给你！我还有点别的事，你先复印，麻烦都给我装订成册，注意别出现什么问题。

商务中心服务员（微笑）：好的，女士，请您放心！您先忙，复印好我会给您房间打电话，您是在哪个房间？

客人：好的，我在1305房间。

商务中心服务员（微笑）：好的，女士。

客人：行，那先这样啊，再见！

商务中心服务员（微笑）：再见，女士，您慢走！

任务实训四：代订机票服务实操

商务中心服务员（微笑）：您好，二位，请问您需要文印服务还是订购机票、车票？

客人甲：你好，小姑娘，我们老两口想订两张去三亚的机票。

商务中心服务员（微笑）：好的，请问您需要什么时间去三亚呢？

客人乙：我们想后天。

商务中心服务员（微笑）：可以的，我来查一下。后天12点55点—17点15分，深圳航空ZH9155经济舱4.8折，折后是1 010元可以吗？

客人甲：好的，行，这个时间我觉得可以。老伴，你觉得呢？

客人乙：嗯，（思考）时间还行。还有没有更低折扣的机票呢？

商务中心服务员（微笑）：太太，我再帮您看一下。（查询电脑），还有一班海南航空的19点出发，但是中间需要在杭州转机，在杭州住宿一晚，第二天15点05分才能到达三亚凤凰机场，折后是530元。还有一班7点15分中国联合航空，11点20分到达，846元。这个有点早。因为临近购票，所以价格高。您看呢？

客人乙：这个早上7点多的还可以啊，反正我们早上4点多就起床了，你说呢，老头子？

客人甲：嗯，这个可以，我看不错。转机虽然价格低，但是还需要住宿一晚。行，这个好，时间早点也可以，我们都习惯早起了。

客人乙：对，那咱们就定这个早班机，还能早点到，跟孙子们见面。丫头，就给我们订这个吧！

商务中心服务员（微笑）：好的，太太，请您二位出示一下身份证。

客人甲：给你。（递身份证）

商务中心服务员（微笑）：（双手接过）那您二位就是2022年1月31日7点15分中国联合航空，11点20分到达，两位是1 692元。请问您是现金还是刷卡？

客人乙：我们用现金。（数钱）给你1 700元。

商务中心服务员（微笑）：好的，这是找您的8元，这是收据，请您拿好。

客人甲：好的。

商务中心服务员（微笑）：二位只需要在出发前2小时到达机场，之后用身份证值机领取登机牌，然后安检就可以了。如果您有什么问题，可以随时在房间拨打前台电话0咨询，也可以拨打商务中心电话02咨询。

客人乙：好的，小姑娘。你的服务太周到了，这可省了我们的事儿了，谢谢你啊！

商务中心服务员（微笑）：不客气的！

客人甲：那行，我们先回去了，再见啊！

商务中心服务员（微笑）：再见！

任务实训相关知识点三　传真服务

★接收传真

（1）认真阅读来件信息，与前厅问讯处确认收件人姓名及房号，并将接收"ok"报告单与来件存放在一起。

（2）填写商务中心每日传真来件报表。

（3）电话通知客人有传真来件。如客人在客房，应告诉客人将派行李员送到房间，然后开出账单交总台收银处；如果客人不在房间，则进行留言服务。

（4）留言单右上角应该注明客人离店日期、时间，以便能在客人离店前将传真送给客人。

（5）疑难来件应及时请示大堂副理，妥善处理查无此人的来件，传真来件按酒店规定收费。

★发送传真

（1）主动问候客人，问清要发往的地区。

（2）查看客人所提供的地区号码，并进行校对。

（3）输入传真号码后，先与稿件上号码核对，确认无误后，再按发送键。如发送接通后，对方为通话状态，这时需要拿起电话告知对方接通传真机。事先应该向客人讲明，传真发送需要收费，要按时间（或页数）计算。

（4）传真发出后，应该将"ok"报告单连同原件一起交给客人。

（5）按酒店规定计算传真费。

（6）请客人付款或签单，账单上注明传真号码以及发送所用时间。

（7）将账单送到总台收银处。

（8）如果是非住店客人，则应先请客人支付全部费用。

（9）填写商务中心每日发送传真报表。

★受理票务服务程序

（1）主动问候客人。

（2）了解客人订票需求。礼貌地询问客人的订票需求细节，包括航班、线路、日期、车次、座位选择及其他特殊要求等。

（3）查询票源情况。通过互联网进行快捷查询，如遇客人所期望的航班、车次已无票源时，应向客人致歉，并做委婉解释。同时，应主动征询客人意见，是否延期或更改航班、车次等。

（4）办理订票手续。票务员应该注意下列服务细节。

①双手持订票登记单的上端和笔的下端呈递给客人。

②请客人填写登记单。如果客人填写时有不清楚的地方，应立即向客人解释并予以帮助。

③当客人递回来已经填好的登记单时，应向客人致谢。

④迅速、仔细地检查登记单上的全部项目，礼貌地请客人出示有效证件和相关证明，并注意与登记单上的内容进行核对。

⑤礼貌地交还客人所出示的所有证件，并向客人致谢。

（5）出票与确认。票务员应注意下列细节：

①礼貌地请客人支付所需费用，并仔细清点核收。

②认真填写机票信息并及时将订位信息输入计算机。

③认真检查电子客票行程单，并将所有资料及零钱等装袋呈交给客人。

④仔细检查电子客票行程单，并提醒客人飞机起飞时间、乘车地点、发车时间及其他注意事项。

（6）向客人致谢并目送客人离去。

（四）活动测评标准

文件打印任务：

序号	服务程序	服务标准	分值	小组评价	教师评价
1	礼貌问好	鞠躬，有礼貌，面带笑容，声音甜美	10分		
2	准备工作	（1）浏览客人需要打印的文件，了解客人需要。 （2）问清打印纸张的规格和具体要求	15分		
3	介绍价格及完成时间	告知客人收费标准、有关价格及完成时间	20分		
4	打印文件	（1）按要求打印并排版。 （2）先打印一份请客人核对，检查确认。 （3）修改确认无误后打印正式文件。 （4）询问客人是否需要保留文件，如需保留，请其确认保存时间	35分		

续表

序号	服务程序	服务标准	分值	小组评价	教师评价
5	结账	（1）准备客人账单并登记时间。 （2）请客人在账单上填写姓名和签字，如果不是住店客人则需要及时付账。 （3）确认客人已签单，将打印报告订在账单上连同付款一起交收款处	20分		

文件复印任务：

序号	服务程序	服务标准	分值	小组评价	教师评价
1	礼貌问好	鞠躬，有礼貌，面带笑容，声音甜美	10分		
2	准备工作	（1）浏览客人需要复印的文件，了解客人需要，及时核对看不清楚的字迹。 （2）识别原稿纸张规格，问清复印纸张的规格和具体要求	15分		
3	介绍价格及完成时间	告知客人收费标准、有关价格及完成时间	20分		
4	复印文件	（1）按要求复印文件。 （2）检查复印件是否清晰。 （3）对照原件按顺序排好	20分		
5	装订文件	（1）按原件顺序进行整理核对。 （2）按要求装订。 （3）将原件和复印件交给客人	20分		
6	结账	（1）准备客人账单并登记时间。 （2）请客人在账单上填写姓名和签字，如果不是住店客人则需要及时付账。 （3）确认客人已签单，将打印报告订在账单上连同付款一起交收款处	15分		

代订机票服务：

序号	服务程序	服务标准	分值	小组评价	教师评价
1	礼貌问好	鞠躬，有礼貌，面带笑容，声音甜美	10分		
2	查询机票	告知客人收费标准、有关价格及完成时间	20分		
3	根据要求购买	（1）按客人要求购买。 （2）进行核对。 （3）再次征求客人意见。 （4）确认无误后支付	40分		
4	结账	（1）准备客人账单并登记时间。 （2）请客人在账单上填写姓名和签字，如果不是住店客人则需要及时付账。 （3）确认客人已签单，将打印报告订在账单上连同付款一起交收款处	30分		

三、岗位要求

1. 当你站立不动时确保你始终留意和面对客人，当你移动时要自信地行走，不要跑动或显示慌乱。

Make sure you are always alert and facing the guests, even when you are standing still, and when you move, walk with confidence, never running or seeming confused.

2. 奔跑、快速动作会令客人感到不舒服。

Running, quick movements make guests uncomfortable.

3. 平静而优雅的动作使客人放松，能营造更好的工作环境。

A calm, graceful approach puts guests at ease and creates a better environment.

4. 当员工在公共区域、酒店走廊等地方遇到客人时，要面带微笑主动问候客人，并尽量称呼客人姓名。

When a staff meets a guest in a public area, guest room corridor etc. eye contact should always be made, with a smile and an initiative to greet the guest with an appropriate greeting, using the guest's name if known.

5. 不要等客人主动和你打招呼，或对客人视而不见。

The staff should not wait for the guest to take the initiative, or avoid looking at the guest when passing.

6. 如果在较狭窄的空间和客人相遇，在面带微笑主动问候客人后，等客人通过员工再离开。

If you meet the guest in the corridor or narrow space, greet the guest with a smile and wait for the guest to leave through the staff.

四、项目拓展

(一) 复习旧知

1. 房价按价格性质可以划分为（　　）。（多选题）

   A. 标准价　　　　B. 商务合同价　　　C. 免费价　　D. 散客价　　E. 团队价

2. 国际酒店的计价方式有（　　）。（多选题）

   A. 欧式计价

   B. 美式计价

   C. 修正美式计价

   D. 欧陆式计价

   E. 百慕大式计价

3. 客人离店后有哪些主要的工作任务？（　　）（多选题）

   A. 送别客人　　　　　　B. 回收顾客满意度调查表

   C. 客史建档　　　　　　D. 有针对性地对客人促销

   E. 未尽的事项

4. 酒店大堂的设计原则包括（　　）。（多选题）

   A. 满足功能要求　　　　B. 充分利用空间

   C. 注重整体感的形成　　D. 力求形成自己的风格与特色　　E. 注重环保和环境

5. 前厅部的员工担负着哪些角色？（　　）（多选题）

   A. 酒店的外交大使　　　B. 酒店商品的推销员

   C. 问询与信息的解决者与提供者　　　　D. 活动的协调者　　E. 酒店的公关代理

(二) 课后实践

1. 在携程网实际进行机票的购买。
2. 在铁路 12306 App 实际进行火车票的购买。
3. 到旅行社进行票务预订的咨询。
4. 到酒店商务中心进行观摩与实践。

酒店商务中心实践表			
实践时间		实践地点	
实践人员			

续表

酒店商务中心实践表	
实践过程	
实践收获	
酒店建议	
指导教师建议	

（三）书写作业

1. 论述复印服务的具体程序。

2. 论述打印服务的具体程序。

3. 论述票务服务的具体程序。

4. 客人来复印时，商务中心的复印机正在修理，该怎么办？

5. 专业术语汉英抄写。

（1）团队名称或团队代码 Group Name or Group Code

_____

（2）客房数量及房间类型 Number of Rooms and Room Type

_____

（3）宾客人数 Number of Guests

_____

（4）付费方式 Payment of Group

_____

（5）居住期间 Length of Stay

_____

（6）用餐安排及时间 Meal Arrangements & Times

_____

（7）叫早时间 Morning Call Requirements

_____

（8）出行李时间 Baggage Collection Time

_____

（9）团队离店时间 Departure Time

_____

（10）前厅部经理 Front Office Manager

_____

复习旧知部分的答案

1. ABC。
2. ABCDE。
3. ABCDE。
4. ABCDE。
5. ABCD。

项目九 "金钥匙"服务

学习目标

知识与技能目标

1. 明白"金钥匙"的含义、由来及服务特点。
2. 树立成为"金钥匙"的目标并以"金钥匙"的素质要求自己。
3. 会为客人解决各种问题并且良好处理各种投诉。

情感目标

1. 为自己做好职业规划,时刻按照"金钥匙"的标准要求自己。
2. 为酒店创造价值的同时,实现自我价值。

学习重难点

1. 能够灵活地为客人解决各种问题,为客人带来超值体验。
2. 妥善处理各种投诉,尽职尽责。

学习准备

马克笔、A4纸、旅游综合实训室、鲜花、蛋糕等。

学习过程

一、热身游戏

小猴捞月：

规则：

大家手拉手围成一个圆圈，把其当成"水井"，选一名学生在圈内当"小月亮"，再选两名学生在圈外当"小猴子"。游戏开始，大家逆时针方向一边转圈儿走一边唱儿歌："小月亮，晃悠悠，乐得小猴翻跟头；小月亮，快快跑，小猴捉住不得了！"唱完儿歌，两个"小猴"手拉手去捉"小月亮"，"小月亮"只能在圈内逃跑闪躲，一旦被捉住就要说出一句带有"月"字的成语、诗句或表演一个节目。接着由这名同学指定别人来扮演"小月亮"和"小猴子"，游戏重新开始。

二、知识储备

（一）课程回顾

1. 为客人提供打印服务时，下列做法不对的是（　　）。

　　A. 主动问候客人　　　　　　　　B. 了解客人打印要求及特殊格式的处理

　　C. 告知客人大概完成时间　　　　D. 文件打好后，直接装订成册

2. 下列不属于复印服务的工作程序的是（　　）。

　　A. 主动问候客人，介绍收费标准

　　B. 复印完毕，原件交给客人

　　C. 第三联账单给客人，如客人不要，交总台收银处

　　D. 客人挂账，请其出示房卡

3. 下列不属于票务服务程序的是（　　）。

　　A. 主动查询目的地天气　　　　　B. 了解客人订票需求

　　C. 办理订票手续　　　　　　　　D. 礼貌交还证件

4. 为客人办理订票手续，票务员应该注意的细节不包括（　　）。

　　A. 双手持订票登记单的上端和笔的下端呈递给客人

　　B. 当客人递回来已经填好的登记单时，应向客人致谢

　　C. 迅速、仔细地检查登记单上的全部项目

　　D. 主动问候客人

5. 下列不属于接收传真时的注意事项的是（　　）。

   A. 认真阅读来件信息，与前厅问讯处确认收件人姓名及房号

   B. 疑难来件问问领班怎么办

   C. 留言单右上角应该注明客人离店日期、时间，以便能在客人离店前将传真送给客人

   D. 填写商务中心每日传真来件报表

（二）案例导入

在一个温暖的午后，两位男性客人从酒店大门进来，径直走到酒店的大堂吧，随后坐下来聊天。他们时而笑得前仰后合，时而拍桌子跺脚，声音奇大无比。大堂吧的服务人员走上前去询问："先生，请问您需要点什么饮料吗？"他们两位连连摆手，不耐烦地让服务员离开，而且还拿出一支烟点燃。他们的行为是否影响酒店营业，如果你正在大堂值班，应该如何处理这件事呢？

（三）工作任务活动设计

确认预订

任务实训一：满房帮找酒店（标准示范）

	程序	前厅部经理	客人
1	对于不能婉拒的客人首先表示歉意	您好，先生，非常抱歉给您带来不便。 I'm sorry for the inconvenience, sir.	那现在怎么办啊，我明明预订了客房，怎么还没有了呢？ So what should we do now? What happened to my reservation?
2	提供周边档次相似的酒店	我们可以帮您推荐附近的酒店，距离这里只有300米，档次还要更高一点。您看可以吗？ We can recommend nearby hotels, which are only 300 meters away and a little more upscale. Is that all right with you?	那我怎么过去啊？我这行李这么多，而且我明天还得在这里开会呢！ How am I supposed to get there? I've got a lot of luggage, and I've got a meeting here tomorrow!
3	交通费由酒店出，并且与当班经理联系，保证第二天接回客人	我们负责送您过去，明天再接您回来，明天空出房来，您就可以直接办理入住了。 We are responsible for sending you there, pick you back tomorrow, tomorrow vacate the room, you can go straight back to check in.	行吧，也只能这样了。 Yeah, well, that's about it.
4	为客人升级客房或其他福利	非常抱歉给您带来不便，明天我们会为您免费提供一次早餐，并且免费为您升级为豪华标准间。 Sorry for the inconvenience. Tomorrow we will offer you a free breakfast and upgrade you to a deluxe standard room.	那好，谢谢啦！ Well, thank you!
5	始终保持礼貌	不客气，请随我这边来。 You're welcome. Please follow me this way.	好的。 Okey.

任务实训相关知识点一　什么是"金钥匙"服务

★ "金钥匙"服务的概念

（1）"金钥匙"徽章由两把金光闪闪的交叉金钥匙组成，两把交叉金钥匙代表酒店委托代办的两种主要职能：一把金钥匙用于开启酒店综合服务的大门，另一把金钥匙用于开启城市综合服务的大门。因为有时候客人的需求不是我们酒店一家就能满足的，需要与其他相关企业和部门联合完成。

（2）"金钥匙"服务是国际化民间专业服务组织，是对具有国际"金钥匙"组织会员资格的酒店礼宾部员工的特殊称谓。一般来讲，能够得到"金钥匙"资格的员工都已经做到了大堂副理的级别。

（3）"金钥匙"服务是酒店礼宾部成员按照国际"金钥匙"组织特有的"金钥匙"服务理念和由此派生出的服务方式，为客人提供特殊的个性化的综合服务。

★ "金钥匙"服务的特点

（1）服务的网络性。网络性是"金钥匙"服务的最大特点，也是其运作的必要条件，其主要体现在信息查询、预订、安排散客旅游、越洋传送、环球信用担保等功能上。

（2）服务的依赖性。"金钥匙"成员必须依附其所在酒店与"金钥匙"组织，其工作的开展与实现离不开它们的支持与帮助。所以"金钥匙"服务具有依赖性。

（3）服务的万能性。"金钥匙"的服务哲学是"尽管不是无所不能，但一定要竭尽所能"，也就是说对宾客的要求，一定要尽最大限度满足。这也就对"金钥匙"成员提出了很高的要求，虽然不能做到绝对的"万能"，但一定是能力出众、尽职尽责的。

（4）服务的品牌性。"金钥匙"从1929年成立到现在已经有近百年的发展历史，成员国（地区）遍布全球，协作网络扩大至五大洲，其服务理念与行为在世界范围内有较强较广的影响力，已经发展成为国际优质的服务品牌。

★ "金钥匙"的素质要求

（1）忠诚。国际"金钥匙"协会对"金钥匙"的最基本要求就是忠诚，包括对客人忠诚、对酒店忠诚、对社会和法律忠诚。

（2）具有敬业、乐业精神。应本着"敬业是本分，奉献是美德"的心态，遵循"客人至上，服务第一"的宗旨为客人服务。

（3）具有热心的品质及丰富的专业知识。热心与人交往，想方设法帮助客人。熟悉酒店业务和旅游业有关方面的知识与信息，可担当起"活地图"的角色。

（4）能够建立广泛的社会关系与写作网络。"金钥匙"应具备极强的人际交往能力和协作能力，善于广交朋友，上自政府官员，下至平民百姓，以酒店的优势为依托，建立一个广泛的社会关系网，这是完成客人各种委托代办事项的重要条件。

（5）身体强健，精力充沛，彬彬有礼，善解人意。

（6）处理问题机智灵敏，应变能力强。

（7）会说两种以上外语。"金钥匙"服务一般设在高档酒店的礼宾部，而高档酒店的客人往往来自世界各地，并且对服务的要求也具有针对性、个性化，因而会说多种语言是其工作的必要条件。

（8）有极强的耐性和韧性。时刻谨记"虽然不能无所不能，但一定要竭尽所能"，凡事为客人考虑，尽力去满足客人的所有合理要求，为客人提供超值服务。

任务实训二：求婚仪式设计

一天，京京大酒店前厅部接到这样一个任务：帮忙准备一些物品，客人要在酒店举行求婚仪式。客人要求有鲜花、蛋糕、香槟等。请你根据自己的工作职责为客人设计一场求婚仪式。并用思维导图做出来，在课堂进行讲解说明，之后进行小组任务演练。

任务实训相关知识点二　宾客关系主任（Guest Relation Officer，GRO）

★ GRO的设立目的

为了维护宾客关系，酒店越来越重视长住客人、会员、回头客和VIP客人体系的增值服务，重视人的因素，注重人文关怀。有的大型豪华酒店会设置宾客关系经理、金钥匙服务和大堂副理，他们属于同一级别，有的小型中高档酒店只设立其中之一的岗位。而宾客关系主任由宾客关系经理或前厅部经理直接管辖，目的都是解决客人尤其是VIP客人的特殊需求，提供个性化服务。

★ GRO的工作职责

（1）举止大方得体、形象气质较好、语言能力较强、善于把握客人心理、有一定酒店工作经验且具备较强的应变能力。

（2）协助大堂副理做好长住客、会员、回头客、VIP、团队客人的组织落实及接待服务工作。

（3）实行值台服务，配合前台为客人做好问询服务。

（4）注意收集客人的各种意见，并与住店客人建立良好的关系。

★ GRO的具体工作内容

（1）协助大堂副理做好酒店长住客、会员、VIP房间的欢迎信派送，引领长住客、会员、VIP客人入住及房间介绍服务、退房服务等工作。

（2）及时处理客人投诉问题，调查并收集客人意见。

（3）及时为客人提供入住引领接待、退房及行李服务。

（4）为客人介绍房间布局及设备使用方法。

（5）掌握酒店产品信息，如服务项目、价格、要求等。

（6）及时记录和跟踪当天发生的重要事件及跟办情况。

（7）随时检查各部门对客服务用品及设施设备的到位与使用情况。

（8）熟悉前台各项事务的办公及系统操作，及时掌握最新房态。

（9）协助礼宾部管理好客人行李物品的认领、寄存、发放登记工作。

（10）用扎实的专业素养和服务意识尽可能为客人提供个性化服务。

任务实训三：送别晚宴设计

刘女士是京京大酒店的长住客人，是某企业的高级管理人员。她即将退休，她的公司同事想为她举行一场盛大的欢送晚宴。请你根据自己的想法进行设计，并用思维导图的形式做出来，在课堂进行讲解说明，之后进行小组任务演练。

任务实训相关知识点三　VIP客人的接待服务

★ VIP客人到达酒店前的准备工作

（1）掌握VIP客人的姓名、职务、习惯和到达时间。

（2）在VIP客人到达前检查房卡的准备情况。

（3）检查VIP客房的准备工作，确保VIP房处于最佳状态。

（4）在VIP客人到达前1小时，检查鲜花、水果和欢迎信的派送情况，督导接待人员提前半小时到达，提醒总经理或大堂副理提前10分钟到位，保证一切准备工作就绪。

★ VIP客人到达酒店时的接待工作

（1）VIP客人进入大堂时，应该使用准确的客人职务或客人姓名称呼和迎接客人。

（2）引领客人进入预分的客房，查看客人的有效证件，并请客人在登记单上签字，保证登记单打印内容准确无误。

（3）向客人介绍客房特色以及酒店内设施设备。

（4）征求客人意见，随时准备为客人提供个性化服务。

★ VIP客人到达酒店后的完善工作

（1）接待完VIP客人后，应及时将登记表交给前厅，并准确无误地输入计算机。

（2）做好客人的接待记录，必要时及时向驻店经理报告VIP客人到店和接待情况。

（3）协助预订处建立VIP客人档案，准确记录客人的姓名、职务、到达时间、离店时间、首次或多次住店的特殊要求等信息，为今后再次为客人提供服务做好参考资料。

任务实训四：金婚庆祝设计

某个家庭要为金婚夫妇进行庆祝，请你根据自己的理解进行设计。例如，需要协调餐饮部、客服部等几个部门？需要采购哪些物品？在哪个大厅庆祝？装饰成什么样式的？并用思维导图做出来，在课堂进行讲解说明，之后进行小组任务演练。

任务实训相关知识点四　客人投诉处理工作

★客人投诉的类型

1. 有关设施设备的投诉

这类投诉原因主要包括空调不灵、照明灯不亮、电梯夹伤客人、卫生间冷热水不均衡、床垫过硬或过软等。设施设备常出故障，服务态度再好也无济于事。尽管酒店都建立了对各类设备的保养、检查、维修制度，但这只能相对减少酒店设施设备的隐患，而不能杜绝设备故障的发生。处理这类投诉时，应当立即通知工程部派人员到现场查看，根据具体情况采取措施。同时，在问题解决后再次与客人联系说明情况，做好反馈，表达歉意。

2. 有关服务态度的投诉

这类投诉原因主要包括冷漠的接待方式、粗暴的语言、戏弄的行为、过分的热情及不负责任的答复等。减少这类投诉的有效方式是定期做好员工专业素质和专业能力的培训，提升服务人员的服务意识，并且确保一套有效的管理机制。

3. 有关服务和管理质量的投诉

这类投诉原因主要包括排重房间、叫醒服务过时、行李无人搬运、住客在房间受到骚扰、财务在店内丢失、服务不能一视同仁等。减少这类投诉的方法是强化服务人员的服务技能，且提高酒店的管理水平。

4. 有关酒店相关政策规定的投诉

这类投诉原因涉及酒店的政策规定，有时，酒店并没有什么过错，遭到投诉是因为客人对酒店相关政策不了解或有误解。处理这类投诉时，应给予客人耐心解释，并热情帮助客人解决问题。

5. 有关异常事件的投诉

这类投诉主要包括无法购得机票、车票，城市供电、供水系统故障，恶劣天气等。这类投诉涉及的问题，酒店也是难以控制的，但客人却希望酒店能帮助解决。处理这类投诉，应想方设法在力所能及的范围内加以解决，如果实在没有能力，应该尽早向客人解释，取得客人谅解。

★处理投诉的原则

（1）真心诚意帮助。前厅部员工要理解投诉客人当时的心情，同情其处境，并满怀诚意地帮助客人解决问题，满足其需求。

（2）绝不与客人争辩。当客人怒气冲冲、情绪激动地前来投诉时，前厅部员工更应注意礼貌，耐心听取客人意见，然后对其表示歉意等，绝不可争强好胜，与客人发生争执，而应设法将"对"让给客人。

（3）维护酒店应有的利益。前厅部员工受理投诉时，要认真听取客人意见并表示同情，同时注意不要损害酒店的利益，不可随意推卸责任，或者当客人的面贬低酒店其他部门工作人员。除非客人的物品因酒店原因遗失或损坏应给予相应的赔偿外，退款或减少收费等措施不是处理投诉的最佳方法。对于绝大多数的投诉，酒店应通过面对面的额外服务，给客人更多体贴、关心、照顾来解决。

★掌握与宾客的沟通技巧

（1）尊重和理解客人。尊重客人是酒店任何岗位的工作人员必须具备的素质。第一，基本的礼仪规范与服务用语应符合要求，礼貌用语10字"您好，请，谢谢，对不起，再见"挂嘴边。第二，对待客人要一视同仁，不能因客人的外貌、着装、行为举止、身份进行区别对待。第三，始终保持耐心、理解，认真处理每一个问题。

（2）倾听和共情。认真倾听客人的诉求，即使再愤怒的客人，当他将自己的不满说一遍，怒气便减少了一半。当我们能够站在客人角度，换位思考，理解他的苦恼并及时安慰时，客人的怒气又减少了一半。如果我们能够立刻做出答复，解决客人的诉求，客人的怒气基本就没有了。

（3）巧用服务语言。在对客服务中，应做到从容应对、礼貌、不卑不亢，讲究语言艺术，把客人放在"对"的位置上。

客人服务守则：

第一条：客人永远是对的。

第二条：客人不认错，绝对不强迫。

第三条：客人有错，是我看错。

第四条：如果有错，赶紧认错。

第五条：如果客人有错，请看第一条。

第六条：客人永远没有错。

(四)活动测评标准

项目	优秀 90~100 分	良好 80~90 分	一般 70~80 分	小组评价	教师评价
项目全面新颖					
服务到位					
客人满意度					
部门衔接					
总分					

三、岗位要求

1. 在创建新客人档案时查找是否已有档案,以避免在系统内重复建档。

Search for an existing profile before creating one to avoid duplication of profiles within the system.

2. 为第一次使用酒店(或者为拥有多个酒店系统的酒店首次)的客户创建新档案。

Create new profiles for guests using the hotel for the first time (or for the first time for hotels with Multi-Property systems).

3. 在创建新档案时,获取尽可能多的信息。

When creating a new profile, capture as much information as possible.

4. 在到达之前的准备工作中使用档案信息并向各部门清楚地说明要求,以确保客人的偏好得到尊重。

Use profile information during pre-arrival preparation and circulate requirements across departments to ensure preferences are respected.

5. 所有联系客人的员工应负责提供客人信息以补充客人的档案。

All guests contact employees are responsible for providing guests information to enrich the guests profile.

6. 设置内部沟通制度,以确保从所有部门(餐饮部、客房部、前厅部等)获得的客人偏好信息(表扬信、客户信件等)得以集中,并确保在 PMS(酒店管理系统)内进行定期更新。

Set up an internal communication system for guest preferences taken from all departments (F&B, housekeeping, front office, etc.) and correspondence (moments of truth, guest letters, etc.) and ensure that regular updates are made in the PMS.

四、项目拓展

（一）复习旧知

1. 有关饭店设施设备投诉的情况，大多数是因为（　　）的原因造成的。（多选题）

　　A. 照明灯不亮　　　　　　B. 空调问题　　　　　　C. 卫生间水龙头损坏

　　D. 粗暴的语言　　　　　　E. 电梯故障

2. 下列属于饭店投诉处理原则的是（　　）。（多选题）

　　A. 真心诚意帮助客人　　　B. 微笑原则　　　　　　C. 绝不与客人争辩

　　D. 双倍赔偿客人　　　　　E. 维护饭店应有的利益

3. 作为酒店前厅部经理，处理客人投诉，与客人沟通时，注意什么技巧？（　　）（多选题）

　　A. 及时纠正客人的问题　　B. 遇到不明白的立即提问　　C. 学会倾听

　　D. 能言善语　　　　　　　E. 学会共情

4. VIP客人接待服务程序是（　　），（　　），（　　），（　　），（　　）。

5. 大堂副理处理投诉的程序是（　　），（　　），（　　），（　　），（　　），（　　），（　　），（　　）。

（二）课后实践

　　5人一组，由学校安排到合作酒店前厅部实习一周，配合前厅部经理完成一次VIP个性化服务的工作，从中获得工作经验，并填写实践表。

酒店前厅部实践表			
实践时间		实践地点	
实践人员			
实践过程			
实践收获			
酒店建议			
指导教师建议			

(三) 书写作业

1. 请你就某酒店 GRO 或大堂副理的具体工作流程进行阐述。

2. 作为大堂副理或"金钥匙"处理投诉的原则是什么?

3. 对待客人的服务守则是什么？

4. 专业词汇汉英对照抄写。

（1）房间空调不工作 Air Conditioning not Working

（2）无热水 No Hot Water

（3）房间电视维修 Television not Working

（4）房间打扫 Make up Room Requests

（5）更改客人的离店日期 Change in Departure Date for a Guest

（6）赶房情况 Requests for "rush" Rooms to be Cleaned

（7）出借物品 Items for Loan

复习旧知部分的答案

1. ABCE。

2. ABE。

3. CDE。

4.（熟悉客情、确定等级），（制定方案、落实准备），（入住迎接），（入住期间服务），（离店服务）。

5.（保持冷静），（表示同情和理解），（给予特殊关心），（不转移目标），（记录要点），（将措施告知客人），（立即行动、解决问题），（检查、落实），（归类存档）。

项目十　客房销售

📚 学习目标

知识与技能目标

1. 学习如何用适当的语言进行客房销售。
2. 学会与企业负责人、事业单位负责人、学校机关人员打交道,能够具体情况具体对待。
3. 根据客人的需求制定不同的方案。

情感目标

以酒店效益为自己的工作目标,有责任感、使命感,会交朋友,能够建立客户关系,锻炼良好的语言能力和人际交往能力,为做好酒店管理工作做好充分准备。

📚 学习重难点

1. 作为客房销售人员能够清晰表达,良好地与客人沟通。
2. 让客人轻松愉快地接受建议并且购买酒店产品。

📚 学习准备

课件、视频、手机、电话、预订登记本。

学习过程

一、热身游戏

一起唱《最亲的人》并做手势：

翻过了一座山，越过了一道弯，撩动白云蓝天蓝，望眼平川大步迈向前。

感谢着人间爱，传承了千万年，亲邻好友笑开颜，梦里梦外喜悦春光暖。

花开山岗红艳艳，绿水青山不问是何年，离家的日子又到了冬天，谢谢我最亲的人挂牵。

门前的小树已成年，阻挡着风雨来得突然，家中的爸妈皱纹呈现，翻过岁月陪你到永远。

感谢着人间爱，传承了千万年，亲邻好友笑开颜，梦里梦外喜悦春光暖。

花开山岗红艳艳，绿水青山不问是何年，离家的日子又到了冬天，谢谢我最亲的人挂牵。

门前的小树已成年，阻挡着风雨来得突然，家中的爸妈皱纹呈现，翻过岁月陪你到永远。

翻过岁月陪你到永远。

二、知识储备

（一）课程回顾

1. 下列不属于"金钥匙"服务特点的是（　　）。

　　A. 服务的网络性　　B. 服务的依赖性　　C. 服务的万能性　　D. 服务的准确性

2. 作为酒店的"金钥匙"，应该具备哪些素质？（　　）（多选）

　　A. 忠诚　　　　　　B. 敬业乐业　　　　C. 本科学历　　　　D. 耐性和韧性

　　E. 经理资格证书

3. VIP客人到达酒店时需要做好哪些准备？（　　）（多选）

　　A. 准备鲜花和水果　　　　　　　　　B. 掌握客人的姓名和职务

　　C. 检查房卡的准备情况　　　　　　　D. 提醒总经理提前30分钟到达大堂等待

4. 在客人住店期间，哪些问题可能引起其投诉？（　　）（多选）

　　A. 卫生间冷热水问题　　B. 服务员态度不好

　　C. 菜品味道不好　　　　D. 冷漠的接待方式

5. 作为客户服务经理，在下列处理客人投诉的原则中，尽量不用的是（　　）。

　　A. 明辨是非　　　　　　B. 维护酒店的利益

　　C. 不与客人争辩　　　　D. 真心诚意帮助客人

（二）案例导入

某公司要在某市组织跨省员工培训，为期3天。公司负责人来到某市对三家五星级酒店商谈前期预订合作事宜。假如你是该酒店的销售部经理，在你与公司负责人接洽过程中，需要对哪些信息进行说明？需要注意哪些事项？可以给出哪些优惠政策？

（三）工作任务活动设计

在五星级酒店的经营过程中，能够创造最大效益的就是客房的销售，客房的营业收入占到酒店收入的80%以上。所以销售客房是前厅部门和销售部门的核心工作。本部分围绕销售客房的方法、技巧、模式做了任务实训，模拟实际工作任务做了程序设计，为学生进入未来的工作岗位打下基础。

任务实训一：客房销售（标准示范）

客房预订流程

	程序	销售员	客人
1	亲切礼貌地问好，拉近关系	您好，我是京京大酒店的销售顾问，很高兴能见到你，我们竭诚为您服务。 Hello, I am the sales consultant of Jingjing Hotel. It is a pleasure to meet you. We are at your service wholeheartedly.	你好啊，我们老同学毕业30年聚会，我们有几十位从外地来的朋友。 Hello, our 30-year reunion, we have dozens of friends from out of town.
2	说出酒店优势设施设备、服务质量、地理位置等。	您能够选择我们酒店是非常明智的。我们可以提供大中型会议室作为庆典活动地点，中西餐厅都有承载50~100人的特色餐厅，而且养生中心和健身项目齐全。出酒店200米就可以到达海边，周围景点丰富，交通便利。 Choose our hotel is very wise. We can provide large and medium-sized meeting rooms as the celebration venue, Chinese and western restaurants have a capacity of 50-100 people of the restaurant features, and health centers and fitness programs. Out of the hotel 200 meters can reach the sea, the surrounding attractions rich, convenient transportation.	是啊，这周围的环境不错，没想到酒店内部也很不错，正好我们的活动都可以在这里进行了。 Yes, the surrounding environment is good, did not expect the hotel interior is very good! Just in time for all our activities to take place here! Well, I came to the right place.
3	饥饿营销	是的，先生。我们还可以让餐厅、会议室为您提供您所需要的场景布置，人工都是免费的。您选择这个时间预订还是很明智的，如果您过几天来，赶上国庆节，散客就会多起来，到时候房价就会涨起来的。 Yes, sir. We can also let the dining room, the meeting room for you to provide you with the scene arrangement which you need, the labor expense is free. You choose this time booking is very wise, if you come in a few days, in time for the National Day, the number of individual visitors will rise, then the price will rise.	嗯，我真是来对了。那我们要订大概50间房，需要能容纳100人的会议室和餐厅。餐厅就选择桌餐。我们大概就是住3天，9月28日入住，10月2日退房。在这里用三次晚餐，用一次会议室。还能不能有优惠呢？ So we need about 50 rooms, and we need a conference room and dining room for 100 people. The restaurant chooses the table. We stayed about three days, checked in on September 28th and checked out on October 2nd. Three dinners here, one conference room. Can I still get a discount?

149

续表

程序	销售员	客人
4　给出优惠	是这样的，先生，在您入住的时间正好赶上黄金周，您可以办理会员卡，我们可以按照淡季价格，并且会议室使用费用打个对折，入住期间游泳池和健身中心都是可以免费使用的。 Well, sir, you checked in just in time for Golden Week's arrival, you can get a membership card, we can get off-season rates, and we can get a 50% discount on the conference room rate, the swimming pool and fitness center are free of charge during the stay.	嗯，行，这个还是比较优惠的，我们就选择这里吧。 Yeah, well. This is a better offer. We'd better choose here.
5　签订合同	好的，先生。我去拿合同来，我们再把详细事宜说明一下。 Yes, sir. I'll get the contract and we'll go over the details.	好的，谢谢你。 Okay. Thank you.

任务实训相关知识点一　客房信息搜集

★影响房态的因素

（1）分房与换房。由于分房和临时换房会导致房态变化，如果接待员没有及时在系统中修改变化，则对客房销售会有影响。

（2）入住和退房。客人办理入住或退房手续后，前台接待员首先在系统中进行调整，改变房态，并通知客房楼层及时关注，提供服务。退房要尽快清扫整理，以备再次销售。

（3）关闭楼层及变更退房。酒店在经营淡季时，为节省能源消耗、减少成本，在满足客人需求的前提下，常采用相对集中排房、关闭其他楼层设施的办法。接待员要根据酒店要求，系统中有备注。客人因各种原因提前或延迟退房的，要及时在系统中标注。

★影响客房定价的因素

（1）酒店的成本和市场因素。客房定价首先考虑的就是成本——酒店的设施设备、消耗和人员的费用，这是定价的底线。另外，根据市场供求关系、根据淡季旺季、根据酒店自身的房情进行定价。

（2）酒店的服务及地理位置。现代人的生活水平逐渐提高，对服务质量要求越来越高，人们外出享受的目的最重要的就是舒适——身体舒适和心理舒适。而酒店能否提供更加舒适的服务是决定客人是否选择酒店的重要条件。提高酒店的服务水平也是所有酒店不断追寻的目标，服务质量的高低直接决定了酒店的档次和等级，同时决定了客房的定价。另外，地理位置自然是影响房价的重要因素，交通便利、商业区、市中心自然要比交通不便的郊区的房价高。

（3）客人消费心理及竞争对手价格。客人追求的是物超所值，如果享受的服务更全面、更优质，而交付的房费比较实惠，客人自然非常满意。当然，房费过低，也会使客人怀疑酒店的水平和质量。另外，制定房价时，还要了解本地区同等级且有竞争力的其他酒店的房价。

★客房定价方法

（1）客房面积定价法。客房面积定价法是通过确定客房预算总收入来计算单位面积的客房应取得的收入，来确定每间客房应取得的收入的一种定价方法。

（2）赫伯特定价法。赫伯特定价法是以目标收益率为定价出发点，在已确定计划期各项成本费用以及酒店利润指标的前提下，通过计算客房部应承担的营业收入指标来确定房价的一种客房定价方法。主要计算的是客房营业收入指标，其合理程度决定客房价格的可行程度。

（3）收支平衡定价法。收支平衡定价法是以成本为导向，运用损益平衡实行的一种定价方法。酒店根据成本、销售量、利润的关系，计算出收支平衡点，并且以此确定客房的价格。

任务实训二：会议订房

有一家上市公司要来酒店进行为期一周的培训，人数是300人，希望酒店能够提供大型会议室、中型会议室、小型会议室，餐饮最好是自助形式，房价不成问题，但是希望酒店环境舒适，为客人提供私密、安静的工作空间。假如你是销售人员，将如何促成本次合作？

示例：

公司代表：你好，张经理，我们计划在6月2日到6月5日进行为期4天的会议，大概到店人数是300人。

销售人员：您好，王先生，您提前一个月进行预订是非常明智的，否则6月份开始我们可能要接待散客。到会的300人是单独住房还是两人一间，是同时到达吗？在用餐上有什么要求？

公司代表：我们是两人住一间，但是有几位领导是单独住，应该都是2号到达，我们2号上午是报到时间。工作人员大概有12人，1号到达。离店时间是5号，工作人员会在6号离开。餐饮最好是自助餐，你们最好给我制定一个菜单，至于标准，你们列出来三个档次吧，我们再讨论决定。

销售人员：好的，王先生，那大概是需要160间房吧？单独住可以是大床房吧？我们安排朝向好一些的海景房。大部分是住3晚，部分工作人员住5晚。自助餐我们按照一日三餐 150 元、200 元、300 元的标准做 3 个菜单吧，之后发给您，如果有什么变动，我们再沟通。会议室和接待时的条幅和欢迎牌需要做什么样的？

公司代表：对，这个具体的内容和做几个条幅，我们需现场看一下再做决定。明天我会带我们工作人员来一趟，具体看看摆放在什么位置、摆放几个桌子作为接待台。另外，最后我们有一个颁发证书的仪式，需要请酒店的礼仪小姐帮帮忙。

销售人员：好的，这些都没有问题，那您随时联系我，我们尽力配合做好各项服务工作！

任务实训相关知识点二　客房销售技巧

★前厅销售内容

1. 酒店的地理位置和形象

酒店所处的位置是影响客人选择酒店的重要因素之一，它指酒店所处区域的交通便利程度、周围环境等。任何一家酒店的建立，都会有一些自身的优势，销售人员要找出本酒店的优势，设计合适的宣传语，将酒店的位置优势、独特风格、便利条件、设施设备优势、服务优势、历史、知名度、信誉度做成宣传材料，销售人员和前台接待都要掌握并积极宣传，便于销售。

2. 酒店的服务

希尔顿创始人说过："酒店出售的产品，只有一个，就是服务。""今天，你微笑了吗？"而"服务"的英文SERVICE，也代表了服务需要具备的七个方面：Smile（微笑），Efficiency（效率），Receptiveness（诚恳），Vitality（活力），Interest（兴趣），Courtesy（礼貌），Equality（平等）。提升服务人员的服务意识和服务能力，是各大酒店塑造品牌、打开销路的重要途径。

3. 酒店的环境氛围和硬件设施

客人首先通过外观看到酒店的外部设施，然后看到酒店的大堂，之后接触到前台工作人员，这都是留给客人的第一印象。所以酒店的装修风格、硬件设施、前厅部服务人员热情周到的服务方式影响着客房销售。另外，客人入住后，各种设施、服务及餐厅的菜肴口味都会对客人的再次到访有决定作用。要让客人有"我还会再来的"这样的想法，是酒店追求的目标。

★客房销售程序

1. 根据客人特点介绍客房

首先要分辨客人是商务型、会议型还是家庭型、情侣型、老年团等。根据客人特点对房间进行介绍和销售。注意察言观色，生动描述房间的特色。所以前提是必须对酒店客房有准确的认识，并且准备好一套介绍词，再根据客人的情况临场发挥。

2. 展示客房

如果客人仍然有疑虑，可以将各种房型的客房宣传册、图片展示给客人，或者带客人到楼层选择典型的房间参观一下，顺便将酒店的优势和舒适度展现出来。根据客人的身份选择由中档房或者高档房开始介绍，如果是商务型客人由高档房开始，如果是度假型客人则由中档房开始介绍。同时对前厅服务人员自信、热情、礼貌的介绍，客人大都会做出合理、明智的选择。

3. 洽谈价格促成购买

在确定客人对介绍的房型感兴趣之后，及时给出更好的优势介绍，看准时机将合同递送给客人。在对客房特点给予恰当的形容和强调后，前厅服务大员应让客人认同酒店所销售客房的价值，并解答客人最希望了解的关键问题，有技巧地与客人洽谈价格。此时，应注意避免硬性推销或急于报出价格，而是选择时机将价格提出来，以易于客人接受。同时，前厅服务人员应加倍努力，采取有策略的语言和行动，促使客人做出最终选择。例如："刘先生，您真有眼光，选择了这间海景套房，您现在就办理手续吗？"

★客房销售技巧

1. 快速与客人熟识，真心提建议

在与客人的接触过程中，如果能尽快了解到客人的姓名、职务，就直接称呼，可以迅速拉近彼此的距离。可以通过别人对客人的称呼及客人的形象迅速记住客人。当我们介绍了客房及酒店的服务项目、设施设备后，客人选择客房还是犹豫不决的时候，前台服务员还是要给予更多的关注和耐心，尽可能消除客人的疑惑，多提建议，不要轻易放弃任何一位潜在的客户。要知道，凡是想了解的都是有需求的。即使客人最后没有决定购买，也要表现出良好的风度，像关心朋友一样，期待以后的合作能够成功，说不定客人下次能够光顾呢。

2. 态度诚恳友善，倾听客人意愿，及时答疑

在与客人谈话过程中，不要有打断其思路或显出烦躁不安（如低头看表、眼看别的地方）的表现，更不应随意评论、反驳或争辩。切忌在客人面前为推销而推销，引起客人反感。注意掌握听的艺术，只有通过聆听，才能得知客人的真正需求，只有通过运用"两耳一心"的聆听方法，即"两耳听内容，一心听情感"，才能全面把握客人的意图和心理需求。对于客人不明或有疑虑之处，应及时解释，以利于销售。

3. 使用正面说法强调客房价值

在销售中,最好采用正面说法,注意语言艺术,称赞对方的选择,应避免使用"不走运""只剩下"等类词语。这类词语虽无恶意,但不会让客人产生好感,甚至会得罪客人。例如,应该说:"王先生,您真走运,我们恰好还有一间漂亮的单人房!"而不能说:"单人房就剩这一间了,您要不要?"

同时在销售客房的过程中,要强调客房的价值而非价格,如果酒店销售商品使客人感到物超所值,那么商品的价格就会被客人接受。如果前厅服务人员说:"一间每晚价格500元,您要不要?"客人不是望而却步,就是勉强接受,心里也不高兴。因此,前厅服务人员应严格按客房销售的程序步骤开展推销,应该说"一间宽敞的、刚刚装修过的客房""一间装修华丽、具有民族特色的客房"等。客人在了解客房的特点及其价格后,才有可能选择购买,他们需要的是自己喜欢的客房而不仅仅是价格。

4. 选择适宜的报价方式,利益引导

前厅服务人员应根据所销售的客房种类,选择使用以下三种报价方式。

(1)"夹心式"报价。亦称"三明治式"报价,即将房价夹在所提供的服务项目和利益中间进行报价,以减轻价格的分量。例如:"一间朝向美丽湖泊的宽敞房间,价格为80元,该房价还包括一份美式早餐、服务费以及洗衣中心提供的一张免费西服熨烫单……"这种报价方式适合于中档客房。

(2)"鱼尾式"报价。即先介绍所提供的服务设施项目以及客房特点,最后报出房价,突出物美,减弱价格对客人的影响。这种报价适合高档客房。

(3)"冲击式"报价。即先报价格,再提出房间所提供的服务设施与项目等,这种报价比较适合价格较低的客房,主要针对消费水平较低的客人。

这几种报价方法可以根据客人的情况来具体实施,最好用的还是"利益诱导法",这是针对已订过房的客人而言的。当客人所预订的房价较为低廉,在入住登记时,前厅接待员可抓住二次销售的机会,建议客人只要在原价格基础上稍微提高,即可得到更多的好处或优惠。例如:"您只需多付50元,就可享受包价优惠。除房费外,还赠送早餐。"此时,客人往往会乐意接受。这样不仅让酒店增加了收入,而且也让客人享受到了更多的优惠和在酒店更愉快的经历。前厅服务人员应积极参与酒店整体销售活动,将其他部门如餐饮、娱乐等部门的服务项目以及给予客人的各种利益不失时机地销售给客人,以提高酒店整体效益,同时,也大大方便了客人。

任务实训三：房型升级销售

前台接待：您好，先生，请问您是办理入住吗？

客人：是的，我预订了一间标准间。

前台接待：请出示您的身份证。刘先生，您预订了2月3日到5日的标准间。现在我们的16层行政楼层还有空房，行政楼层可以直接办理入住和退房，房间面积增大10平方米，而且每天免费使用三小时微型影院，可在行政酒廊享用免费的早餐和下午茶。您只需交398元，就可以享受终身以标准间的房间住宿行政楼层，而且在全国各个连锁店都可以使用。

客人：哦，那还挺不错的！我马上办理这个，真是太超值了！

前台接待：好的，先生，那么请您跟随行李员直接到行政酒廊办理登记手续。退房时也直接在16层办理就可以了。

客人：好的，谢谢！

任务实训相关知识点三　与酒店各部门有效沟通

★与营销部门的沟通协调

前厅部与营销部都对酒店的客房销售工作负责。双方应加强信息沟通，避免出于个人利益或部门利益竞相杀价，损害酒店整体利益。

（1）加强与前厅部的沟通，双方进行每年客房销售预测前的分析，加强信息交流。掌握前厅部散客接待情况，了解酒店客房出租率，对能销售的客房情况了如指掌。

（2）酒店销售部将确定的各项预订情况，包括会议、团队及临时变动情况报给前厅部预订处。

（3）及时反馈前厅部需要的客情信息，友好解答各部门需要的销售信息。

（4）营销部将已获准的各种预订合同副本递交前厅部客房预订处。

（5）总台以书面形式向营销部通报有关客情信息，如一周客情预报表，翌日抵店客人一览表，VIP客人、团队、会议一览表等。

（6）总台向营销部了解团队、会议活动的日程安排情况等，以便解答客人的询问。

★与客房部、餐饮部的沟通协调

前厅部和客房部在许多酒店同属于房务部，这两个部门之间的联系最为密切，沟通最为频繁，应时刻保持良好的沟通。

（1）掌握客房部具体客情变化，随时关注各类信息变化。

（2）了解餐饮部接待时间和接待人数情况，方便客房销售工作正常进行。

（3）及时将反馈报表递交各个部门，有效沟通。

（4）客房部及时向总台通报客人住房和退房情况以及客房异常情况，可借助直拨电话。

（5）团队、会议客人抵店前，递交团队、会议用房分配表，以便预留好客房。递交特殊要求通知单，以告知客人对客房及有关服务的要求。递交客房、房价变更通知单，以通知客人用房的变动情况。递交有关客房状况的报告，以协调好客房销售与客房管理之间的关系。

（6）客房部应及时将走客房内所发现的客人遗留物品通知总台。根据指令派楼层服务员前去探视对叫醒无反应的客人。安排楼层服务员协助前厅部行李员完成行李的运送、收集等服务。

★ 与总经理及外界沟通

（1）每周或定期例会，能够将自己的工作开展情况及时汇报并反馈。

（2）对老顾客和VIP客人进行回访，对潜在客人进行主动问候，争取更多效益。

（3）掌握市场变化，如经济变化或疫情影响，随时调整工作方案。

（4）做好市场调研，不断推陈出新，根据客人需求设计新的产品。

★ 沟通协调的方法

1. 报表、工作报告和备忘录

这是酒店前厅部习惯采用的沟通方法。其中报表包括各种营业统计报表、营业情况分析、管理报告等。工作报告包括按组织机构管理层次逐级呈交的月度工作报告，即不定期由下级向上级报告某一项特别工作的进展情况等。备忘录则是酒店上下级之间、部门间沟通协调的一种有效工具，可包括工作指示、请示、汇报、建议和要求等。

2. 工作日志、特别记事簿

工作日志、特别记事簿是对客服务的备忘录，也是各班组间的联系纽带。其主要用来记录本班组工作中发生的重大问题、尚未处理完的需下一班组继续处理的事宜或对客服务等。前厅部各环节、各班组均需建立备忘录制度，以确保对客服务的沟通协调畅通。

3. 会议

举行各种类型的内部会议是协调联系、及时传递指令消息的有效方法。不论是由总经理或驻店经理召集的各类指令会、协调会，还是各部门的班前、班后的各项例会，都对酒店对客服务的沟通协调发挥了很大作用。

4. 计算机系统

计算机系统是酒店沟通协调和信息处理的一个重要手段，其中包括酒店经营活动中各类数据的收集统计、分析处理、储存、传输及显示等，它能使沟通更为迅速有效。常用的前厅计算机软件包括预订系统、客房管理系统、账务系统和综合管理系统。

（四）活动测评标准

项目/等级	优秀 90~100 分	良好 80~90 分	一般 70~80 分	小组评价	教师评价
姿态美语言美					
沟通能力					
头脑灵活					
成交订单					
总分					

三、岗位要求

1. 应高效地办理离店手续，排队不应超过 3 个客人。

Departure completion should be efficient with individual queues not to exceed 3 guests.

2. 在客人超过 3 人的时候寻求帮助。

Call for assistance when more than 3 guests are waiting at any time.

3. 用肢体语言向离服务台 15 步之内的客人致意，如进行眼神接触、微笑。

Acknowledge guest within 15 feet of the desk with non-verbal, like eye contact, smile.

4. 当客人在离服务台 5 步之内时，用语言向其致意，如"先生/女士，早上/下午/晚上好"。

When guest is within 5 feet of desk, verbal acknowledgment, include "Good morning / afternoon / evening, Sir / Madam".

5. 如果你正在接待另一位客人，向客人致意并说："先生/女士，请稍等。"

If you are receiving another guest, greet the guest and say: "Sir/Madam, please wait!"

6. 询问客人的名字并在谈话中至少使用客人的名字 3 次。

Ask for the guest name and use it at least three times during the conversation.

7. 以积极的方式处理所有有争议的费用。

Handle all disputed changes in a positive manner.

8. 检查客人住酒店期间的满意度并处理投诉。

Check for satisfaction with the stay and handle complaints.

9. 检查未解决的信息和邮件。

Check for outstanding messages and e-mail.

10. 感谢客人并告别（如"祝您旅途平安，我们期待您能在不久的将来再次入住"）。

Thank the guest and bid a warm farewell (e.g. "Have a safe journey and we look forward to welcoming you back soon").

四、项目拓展

（一）复习旧知

1. "金钥匙"服务有哪些特点？（多选）（　　）

　　A. 服务的网络性　　B. 服务的依赖性　　C. 服务的万能性　　D. 服务的品牌性

2. 下列不属于金钥匙的素质要求的是（　　）。

　　A. 忠诚　　　　　　B. 敬业乐业　　　　C. 身体强健　　　　D. 油嘴滑舌

3. 下列不属于VIP客人到达酒店前准备工作的是（　　）。

　　A. 将客人登记表交给前厅部，并准确无误地输入计算机

　　B. 掌握VIP客人的姓名、职务、习惯和到达时间

　　C. 在VIP客人到达前检查房卡的准备情况

　　D. 检查VIP客房的准备工作，确保VIP客房处于最佳状况

4. 下列不属于VIP客人到达酒店时的接待工作的是（　　）。

　　A. VIP客人进入大堂时，应该使用准确的客人职务或客人姓名称呼和迎接客人

　　B. 引领VIP客人进入预分的客房，查看客人的有效证件，并请客人在登记单上签字，保证登记单打印内容准确无误

C. 向 VIP 客人介绍客房特色以及酒店内设施设备

D. 提醒总经理或大堂副理提前 10 分钟到位

5. 下列属于酒店客人投诉的类型的有（多选）（　　）。

  A. 有关天气的投诉　　　　　　　B. 有关设备设施的投诉

  C. 有关服务态度的投诉　　　　　D. 有关管理质量的投诉

（二）课后实践

3 人一组，由学校安排到合作酒店到前厅部实习一周，向销售部经理和工作人员学习如何与客户沟通，从中获得工作经验，并填写实践表。

酒店销售部实践表			
实践时间		实践地点	
实践人员			
实践过程			
实践收获			
酒店建议			
指导教师建议			

（三）书写作业

1. 影响房态的因素有什么？

2. 影响客房定价的因素有什么?

3. 请举例简述客房销售有哪些技巧。

4. 专业术语汉英抄写。
（1）日期和时间 Date and Time

_____

（2）客人姓名和房号 Guest Name and Toom Number

_____

（3）具体要求和内容 Specific Request and Details

_____

（4）检查现金和外币 Cash & Foreign Exchange.

_____

（5）押金退还和扣减 Paid out and Rebate

_____

（6）杂项收费 Miscellaneous Charge

_____

（7）支票 Bank Cheque

_____

（8）挂账 City Ledger

_____

（9）信用卡 Credit Card

_____

复习旧知部分的答案

1. ABCD。
2. D。
3. A。
4. D
5. BCD。